O SINDICATO TEM FUTURO?

O SINDICATO TEM FUTURO?

FUNDAÇÃO
ROSA
LUXEMBURGO

expressão
POPULAR

O sindicato tem futuro?
[cc] EXPRESSÃO POPULAR/FUNDAÇÃO ROSA LUXEMBURGO, 2020

Dados Internacionais de Catalogação na Publicação (CIP)

P739s Pochmann, Marcio
O sindicato tem futuro? / Marcio Pochmann.—1. ed.—
São Paulo: Expressão Popular, Fundação Rosa
Luxemburgo, 2022.
240 p. : tabs, grafs.--(Emergências).

ISBN 978-65-5891-051-0 (Expressão Popular)
ISBN 978-65-89834-03-8 (Rosa Luxemburgo)

1. Sindicatos. 2. Sindicalização. 3. Capitalismo e
trabalho. 4. Ação sindical. I. Título. II. Série.

CDU 331.105.44

Catalogação na Publicação: Eliane M. S. Jovanovich CRB 9/1250

"Esta publicação foi realizada pela Fundação Rosa Luxemburgo com fundos do Ministério Federal para a Cooperação Econômica e de Desenvolvimento da Alemanha (BMZ)".

"Somente alguns direitos reservados. Esta obra possui a licença Creative Commons de Atribuição + Uso não comercial + Não a obras derivadas (BY-NC-ND)".

EDITORA EXPRESSÃO POPULAR
Rua Abolição, 201 – Bela Vista
CEP 01319-010 – São Paulo – SP
Tel: (11) 3112-0941 / 3105-9500
livraria@expressaopopular.com.br
www.expressaopopular.com.br
f ed.expressaopopular
○ editoraexpressaopopular

FUNDAÇÃO ROSA LUXEMBURGO
Rua Ferreira de Araújo, 36
05428-000 São Paulo SP – Brasil
Tel. (11) 3796-9901
info.saoPaulo@rosalux.org
www.rosalux.org.br/
f @RosaluxSaoPauloBuenosAires

SUMÁRIO

Apresentação 11

Capitalismo, trabalho e sindicato 19

Mundo do trabalho e organização sindical 143

Panorama do trabalho capitalista e as
fases do sindicalismo brasileiro 179

Considerações finais 215

Notas 221

Para saber mais 223

Referências 225

Sobre o autor 239

COLEÇÃO EMERGÊNCIAS

Debates urgentes, fundamentais para a compreensão dos problemas brasileiros, com enfoques quase sempre invisibilizados. Essa é a proposta da Coleção Emergências, uma iniciativa da Fundação Rosa Luxemburgo e da Editora Expressão Popular. Há um volume gigantesco de dados e notícias em circulação que nos traz uma falsa ideia de acesso aos temas que pautam a vida política do país. Mas boa parte deste conteúdo é produzido e veiculado pelos donos do poder econômico, que elegem o que deve ser visto e informado de acordo com seus interesses. Por isso, é essencial ampliarmos as maneiras de enfrentar esse ponto de vista único e pautar, com profundidade, temas de relevância para o povo brasileiro.

Nossa coleção se propõe a discutir questões cruciais para o Brasil a partir de perspectivas pouco divulgadas nos meios de comunicação comerciais. Cada obra não pretende ser a última palavra sobre o tema, mas o ponto de partida para estimular debates e novas leituras. Só entendendo nossa realidade iremos transformá-la. Daí Emergências. Emergências porque é preciso refletir sobre o mundo no qual vivemos. Já não temos condições de ignorar a gravidade das crises econômica, social, ambiental, política. Emergências porque já não se pode mais insistir em velhas respostas. Emergências porque não podemos mais esperar.

[...] enquanto as estruturas mudam, velhas formas podem expressar funções novas, e funções velhas podem achar sua expressão em novas formas.

E. P. Thompson, 1963

Os que apagam o passado correm o risco de abolir o futuro também.

W. Benjamin, 1971

A classe operária deve ser definida pelos trabalhadores, como eles vivem e sua própria história, [...] a classe é a consequência que emerge da luta de classe. Consequentemente, nenhuma experiência de uma classe operária pode ser considerada mais "verdadeira" que outra. Não há nenhum sentido em submeter o proletariado brasileiro a uma competição com o proletariado de outros países, atribuindo ao nosso uma classificação patológica: fraco, apático, sofrendo de uma falsa consciência aguda, e às vezes, como incapaz de sua missão histórica, e assim por diante.

P. S. Pinheiro, 1982

A passagem dos trabalhadores escravizados de fato para os trabalhadores escravizados livres estava incompleta, pois a liberdade alcançada era apenas o direito de escolher este ou aquele senhor.

J. Mattos, 1890

APRESENTAÇÃO

NA TERCEIRA DÉCADA DO SÉCULO XXI, A DISPUTA PELO FUTURO DO trabalho segue inconclusa diante das possibilidades construtivas de distintos caminhos tangíveis para a nação. Pela dominância neoliberal, a colonização do pensamento único insiste em bloquear a imaginação e a desestimular a luta pela edificação de um novo horizonte aos trabalhadores que não seja o círio dos desafortunados, motivado pela realidade trágica a rebaixar as expectativas pela conquista de padrão civilizatório superior.

Nas últimas quatro décadas de solidificação da "grande estagnação brasileira", as referências à classe trabalhadora nos meios de comunicação, na retórica de políticos e em formulações acadêmicas e de políticas públicas tornaram-se cada vez mais raras. Em seu lugar, emergiu o senso de classe social estratificadora do conjunto de indivíduos por renda em associação ao nível de consumo no mercado.

Em vez da ênfase no processo produtivo, encadeador das relações de trabalho e formas de ação coletiva a caracterizar o sentido da classe social, abunda a visão de mundo sem confronto, interesses contrários ou projetos políticos opostos. Por isso, a extensão da temática ilusionista de "classes A, B, C, D e E", empreendedorismo, empregabilidade, nova e velha "classes médias", entre outras masturbações mentais.

O hegemonizado ambiente macroeconômico, ilustrado pela lucratividade dos setores especulativos validados em bolsa de valores e mercado financeiro, tem sido mais expressivo por aquilo que esconde do que por aquilo que revela. Com a decrescente participação dos trabalhadores na renda, a despersonalização do tempo do labor por demanda do capital na sociedade inchada por serviços de contida produtividade, explicita-se o abandono de direitos e a inviabilização de organização e representação de interesses coletivos.

Na perspectiva do pensamento crítico, o conhecimento das diferentes tendências macroeconômicas possíveis no Brasil denuncia a base econômica sob a qual a dominação do trabalho se configura. Assim, a evidência que aponta o declínio do poder de barganha dos trabalhadores se choca com a força da realidade da concentração estratégica de uma minoria de trabalhadores extremamente produtivos.

A trajetória da sindicalização pode não explicitar, como no passado, o poder de barganha efetivo, uma vez que atualmente o que sobressai é a verdade de quem produz o que e como. Ou seja, a afirmação da centralidade do trabalho na contemporaneidade do capitalismo em plena diversidade das qualidades do labor, cuja consciência de classe emerge *a posteriori*, quando apreendido justamente o valor dessa qualidade.

Nesse contexto, as primeiras décadas do século XXI notabilizam as profundas alterações no perfil da sociedade brasileira, impulsionadas por uma série de mutações no mundo do trabalho. A própria transformação material da infraestrutura econômica determina a condição pela qual emerge o sujeito social na classe trabalhadora cuja consciência resulta da parte conclusiva do processo histórico, não do seu início.

Isso porque a consciência de classe se estabelece percebida, em geral, pela oposição à opção dos dominadores. No caso brasileiro, a manifestação inicial do artesão como sujeito social prevaleceu na colonização estruturadora da sociedade agrária escravista e teve sua continuidade no período imperial.

Mesmo sem referência classista, a atuação original das corporações de ofício, irmandades e sociedade mutualistas fundamentaram a defesa da valorização do trabalho mediante à barbárie do escravismo absolutista antecipadora do modo de produção capitalista. Somente assim, com a instalação tardia do capitalismo no Brasil, aflorou o sindicalismo de ofício demarcado por organização e luta pela resistência e rebeldia ao avanço da exploração sem limites do trabalho após a escravidão.

Em meio século, depois da Revolução de 1930, o projeto de modernização capitalista consolidou a sociedade urbana e industrial assentada no assalariamento e na perspectiva da cidadania regulada por direitos sociais e trabalhistas. Mesmo sem conseguir romper com o subdesenvolvimento, a industrialização ampliou a estrutura de classes acompanhada pelo sistema corporativo de relações de trabalho assentado no operariado industrial como sujeito social.

Com a virada para o século XXI, o Brasil assistiu ao avanço da desindustrialização mediada pelo inchaço da sociedade de serviços e pelo rebaixamento das condições e relações de trabalho. A emergência do novo sujeito social, com características intrínsecas ao contaproprista, ocorre em meio ao desmoronamento do sistema corporativo de relações de trabalho face ao mundo do trabalho exposto pelo receituário neoliberal.

Partindo da compreensão da sociedade em sua totalidade, busca-se reconhecer e analisar a trajetória do mundo do trabalho e suas formas de organização e lutas amparadas na centralidade do sujeito social coletivo. Com isso, é afastado o convencionalismo tanto das arguições de linearidade que sugerem a sucessão de etapas da classe trabalhadora, quanto do exclusivismo descritivo que localiza no sindicalismo a capacidade de sua autodeterminação.

Em sua centralidade na vida humana, o trabalho se metamorfoseou ao longo do tempo. O trabalho realizado livre ou de forma forçada no agrarismo, geralmente no entorno da moradia, sofreu impacto com a ascensão capitalista e passou a ser validado somente quando mediado pelo mercado.

A ocultação do trabalho autônomo, excluído do mercado, tornou relevante fundamentalmente o trabalho heterônimo, que resultou da oferta de força de trabalho vinculada à decisão do aluguel pelo capitalista. Assim, houve a efetivação do trabalho em local determinado (fábrica, canteiro de obra, escritório, estabelecimento comercial entre outros), prioritariamente fora da residência na sociedade urbana e industrial.

Na atualidade da transição para a sociedade de serviços, o trabalho passa a ser possível de realização em qualquer lugar, sem determinação de local *a priori* que não seja aquele que possibilita o acesso às tecnologias de comunicação e informação. É nesse contexto que o exercício capitalista de alugar força de trabalho incorporou a parcela do labor autônomo à competição no interior da classe trabalhadora, como no caso dos detentores de instrumentos de trabalho, equivocadamente associados a empreendedores de si próprios.

Nessa perspectiva da reflexão crítica, o presente livro busca responder à pergunta que o intitula: *O sindicato tem futuro?* Nas três partes a seguir, constituídas inicialmente pela abordagem geral sobre o capitalismo, trabalho e sindicato, ascende-se à problemática do mundo do trabalho e suas organizações na forma sindical.

Por fim, a compreensão de que a ação sindical resulta na expressão de fases que se distinguem, no tempo, pela dinâmica do capitalismo imposta ao uso e remuneração do trabalho. Em síntese antecipadora, o sindicato tem futuro, mas não de modo autodeterminado, e sim se for resultado de sua capacidade de condicionar ao mesmo tempo que se encontra condicionado como um todo pela sociedade à qual pertence.

CAPITALISMO, TRABALHO E SINDICATO

SOB A PREDOMINÂNCIA DO MODO DE PRODUÇÃO CAPITALISTA, O trabalho humano assumiu centralidade desde que sempre validado pelo mercado de compra e venda de força de trabalho. Outras formas de trabalho como as de contaproprista, cuidadores e socialmente úteis foram secundarizadas, quando não ocultadas.

Contribuiu para isso a emergência do Estado mínimo a legitimar e zelar pela liberdade dos mercados autorregulados, posicionando-se no exercício do monopólio da moeda, violência (Forças Armadas e prisões) e tributação. Antes disso, o inchado Estado absolutista atuava no sustento da monarquia, nobreza e clero, com a natureza do trabalho geralmente servil ou escravista, alguns experimentos de trabalhador livre sem mercado de trabalho operado por corporações de ofício.

Na transição das formas de trabalhos herdadas dos modos de produção pré-capitalista (servidão, escravidão e outros), emergiu a forma do sindicato de ofício voltado à defesa da valorização do trabalho livre e à resistência diante da exploração capitalista. Naquela época, o sindicato atuava como instituição de multifuncionalidade nas áreas da formação (escolas de artes de ofício), saúde, previdência (fundos de ajuda mútua), cultura (saraus e centro de convivência) e política.

No caso brasileiro, por exemplo, o pensamento econômico e social dominante até o início da década de 1930 desconhecia a condição do desemprego involuntário, por imaginar que somente seria possível por decisão do trabalhador (desemprego voluntário). Caberia ao livre funcionamento das forças de mercado garantir que, havendo oferta, haveria demanda patronal para absorver a totalidade da força de trabalho.

A retórica liberal, predominante na época do capitalismo em expansão sem praticamente haver regras estatais, não encontrava na realidade a comprovação de veracidade para o pressuposto teórico. O processo da geração crescente da força de trabalho excedente às necessidades do capital apresentava-se inegável, como no Brasil, que formou o seu mercado de trabalho absorvendo parte do fluxo de imigrantes europeus, marginalizando os trabalhadores herdados da escravidão.

Com a Grande Depressão de 1929, o receituário liberal questionado cedeu à constatação das insuficiências do setor privado para promover a estabilidade e a plena ocupação no longo prazo. Nos países de capitalismo avançado, a passagem do Estado mínimo para o de bem-estar social possibilitou, por cerca de três décadas após o fim da Segunda Guerra Mundial, experimentar o ineditismo do pleno emprego.

Para tanto, foram fundamentais duas medidas por parte da atuação organizada do Estado de bem-estar social. De um lado, o avanço do fundo público, sustentado sobretudo com o avanço da tributação sobre a população mais rica, permitiu contrair a expansão da mão de obra, restringindo determinados segmentos sociais de venderem força de trabalho. Idosos, crianças e pessoas portadoras de deficiência física e mental deixaram de fazer parte da força de trabalho, constituindo a inatividade assistida por garantia da transferência de renda pública. Com o serviço nacional de assistência social, aposentadoria e pensão, seguro--desemprego e outros, a experiência dos fundos de ajuda mútua do sindicalismo de ofício pouco a pouco passou a ser incorporada pelo Estado.

De outro lado, houve a elevação do nível da ocupação, incentivado por políticas de estímulo à demanda agregada, bem como pela expansão do emprego público. Isso se deve à ampliação da oferta das atividades públicas civis no atendimento da educação, saúde, assistência e outras, complementares ao desenvolvimento capitalista. Entre 1950 e 1980, por exemplo, somente os EUA e a Alemanha elevaram o emprego privado, ao contrário da França, Inglaterra e Itália, que reduziram ou mantiveram estável. Todos esses países alcançaram o pleno emprego com o crescimento significativo do emprego privado (ver mais em Rose, 1985; Kolberg e Esping-Andersen, 1994; Peters, 2008).

Desde a transição do agrarismo, que permitiu a consolidação de sociedades urbanas e industriais, os sindicatos de ofício foram cedendo lugar ao surgimento de um novo sindicalismo. Isso levou à reformulação das organizações laborais voltadas à atividade especializada de tarefas assentadas na melhora das condições de trabalho e nos limites da exploração capitalista.

Ao mesmo tempo, as organizações sindicais atuaram mais próximas de partidos políticos, com participação direta sobre o fundo público por meio da defesa de políticas governamentais. Dessa forma, tarefas anteriormente encadeadas pelo antigo sindicalismo de ofício como formação, saúde, previdência e cultura foram assumidas pelo Estado de bem-estar social.

Com a globalização, as possibilidades da expansão capitalista se tornaram mais limitadas territorialmente, o que frustrou a perspectiva liberal e permitiu ser substituída pelo neoliberalismo na tarefa de abrir alternativas de rentabilidade ao capital. Nesse sentido, o patronato recuperou gradualmente seu poder de determinação do emprego e das condições de uso e remuneração da força de trabalho, com a proliferação dos programas de austeridade fiscal e, por consequência, o próprio desmonte do Estado de bem-estar social.

O novo sindicalismo não é questionado apenas pelo predomínio do Estado neoliberal e pela atuação antilabor de governos e patrões, mas também pela classe trabalhadora que emergiu da transição para a sociedade de serviços. Pela multiplicidade de tarefas atribuídas ao exercício do trabalho imaterial, a configuração da identidade e pertencimento às instituições convencionais de representação de interesses da sociedade urbana e industrial foi comprometida, desacreditando o novo sindicalismo.

Diante das mudanças em curso no trabalho, impulsionadas pelo capitalismo que segue em transformação, busca-se recuperar a atualidade das organizações laborais ao longo do tempo no Brasil. Antes disso, contudo, considera-se importante tratar das principais teses que animam o pensamento presente, tanto do trabalho sob o desenvolvimento capitalista quanto da configuração do sujeito social no interior da classe trabalhadora em mutação.

TRABALHO E SUAS TESES ATUAIS

Desde a transição para o século atual, o trabalho no capitalismo tem sido exposto a uma diversidade de razões que explicam o processo de sua desvalorização. Como recurso da síntese, este trabalho concentra-se presentemente em quatro teses principais.

A primeira refere-se à centralidade esvaziada do trabalho. Do processo de desindustrialização madura, já percebida desde a segunda metade do século XX em países de capitalismo avançado, emergiu a tese da perda de centralidade do trabalho humano, além do protagonismo dos operários industriais em superar a opressão capitalista (mais detalhes em Gorz, 1987; Offe, 1989; Habermas, 1992).

Dessa forma, a expectativa da construção do sentido de vida a partir da esfera do trabalho estaria arruinada. A prevalência do desemprego estrutural e a difusão de ocupações precárias indicariam a incapacidade de o capitalismo garantir as condições tradicionais de produção e reprodução do trabalho.

Mesmo assim, a atualidade do trabalho não apontaria o seu desaparecimento, mas muito mais a sua profunda transformação. A contenção quantitativa e qualitativa do proletariado industrial não autorizaria, por si só, a validação da tese de perda da centralidade do trabalho.

Pela predominância da terciarização das economias, a classe trabalhadora assume-se majoritariamente de serviços, e estaria crescendo heterogênea, demarcada pela fragmentação e desprovida, muitas vezes, dos direitos sociais e trabalhistas tradicionais na sociedade industrial. Com a difusão do trabalho imaterial em conexão com as tecnologias de informação e comunicação (TICs), a natureza da centralidade laboral parece mais se alterar do que desaparecer.

Isso porque a identidade do trabalho e o sentido de pertencimento às instituições convencionais de representação de interesses estavam associados à quase plenitude do trabalho material das sociedades agrária, urbana e industrial. Nas atuais sociedades de serviços, a centralidade do trabalho desloca-se das atividades de local determinado em estabelecimentos e indústrias, majoritariamente terceirizados para a generalização da prestação de serviços cada vez mais padronizados a serem exercidos em qualquer lugar e horário por ocupados multifuncionais.

Nesse sentido, a onda desreguladora dos direitos sociais e trabalhistas ampliou o grau intensivo e extensivo da exploração capitalista, sem mais a nítida separação entre os tempos de trabalho e de não trabalho. Para além da condição de vendedor de força de trabalho no tradicional mercado de trabalho, ampliam-se para o mundo do trabalho as condições abundantes de contratação de contapropristas – a oferta da força de trabalho com meios de produção (instrumentos de trabalho).

Se adicionarmos ainda o avanço do progresso tecnológico, chega-se ao contingente cada vez mais excedente à demanda por trabalho pelo capital. Em plena concorrência no interior da classe trabalhadora, ascende o descrédito, em parte, das instituições tradicionais de representação dos interesses do labor.

Na generalização do trabalho multifuncional, geralmente esvaziado de identidade e do próprio sentido de pertencimento coletivo, a outrora dominante instituição de representação específica de interesses tem sido questionada. Para o novo mundo do trabalho, instituições alargadas de funções e ações parecem ser contemporâneas do enfrentamento requerido diante do massacre cotidiano a que se encontra exposta a classe trabalhadora dos serviços.

Como segunda tese do trabalho, destaca-se o impasse entre a globalização, comandada por grandes corporações transnacionais, e o questionamento crescente da autonomia das fronteiras nacionais estabelecidas pelas políticas públicas da regulação capitalista. A diversidade das reformas postas em marcha desde a década de 1980, inclusive para o trabalho, converge com o conjunto dos interesses dominantes dos grandes grupos econômicos internacionais.

A retórica civilizatória das corporações transnacionais tem sido negada, muitas vezes, pela prática. Exemplos infindáveis de preferências competitivas da grande empresa por países de contida tributação ao capital, com menor custo do trabalho e mais rebaixado sistema de proteção ambiental existente, revelam a força da subversão democrática imposta pelo sentido ditatorial dos mercados.

Tudo isso sem mencionar a incorporação crescente dos esquemas de corrupção ao paradigma monopolista de competição adotado pelos grandes grupos a dominar qualquer setor de atividade econômica. Como reúnem cada vez maior faturamento em relação ao Produto Interno Bruto (PIB) dos países, a política foi secundarizada pela economia: entre os quase 200 países atualmente existentes, apenas dez possuem orçamentos públicos à disposição governamental superiores ao tamanho econômico das principais corporações transnacionais.

O esvaziamento do sistema de regulação pública em âmbito supranacional, que foi constituído no segundo pós-guerra com as Nações Unidas (Organização Mundial do Comércio, Organização Internacional do Trabalho e outros), tornou compatível a imposição dos interesses privados das grandes empresas nos espaços nacionais. Assim, a desregulamentação defensiva tem sido adotada em profusão no mundo, sobretudo por governos que protagonizam o receituário neoliberal.

No entanto, desde a crise financeira de 2007-2009, parcela da receita neoliberal ficou comprometida, assim como a própria trajetória da globalização iniciada nos anos de 1980. Por um lado, a reversão da crise financeira transcorrida pela expansão monetária desbancou um dos principais pressupostos teóricos de sustentação do Estado neoliberal e, por outro, a ação de vários governos em defesa do seu próprio sistema produtivo nacional.

A terceira tese sobre o trabalho assenta-se na validação do capital humano, predominante durante os anos de ouro do capitalismo industrial, na atualidade da transição para a sociedade de serviços. Na sociedade definida como do conhecimento ou da informação, a defesa do investimento em capital humano encontra dissonância com a realidade em proliferação do desemprego de mão de obra qualificada e das ocupações demandantes do trabalho precário.

Durante a década de 1950, quando o pleno emprego laboral foi uma realidade percebida, a teoria do capital humano hegemonizou o entendimento acerca da solução individual tanto para o desemprego como para a mobilidade social inter e intrageracional ascensional. Na mesma direção das avaliações positivas sobre o sucesso passado da educação e formação profissional, com a globalização, desde os anos 1980, prosseguiu a retórica em pleno processo de terciarização nas economias de capitalismo avançado.

No curso da nova Revolução Tecnológica, proliferaram as vertentes teóricas assentadas na perspectiva emancipatória do trabalho pela criatividade emancipatória e libertadora do padrão de vida pela sobrevivência (sobre isso, ver Masi, 2000; Russell, 2002; Bell, 1973; Touraine, 1970). Ancorado na ideologia meritocrática, o esforço de cada um, encadeado na ampliação da educação, seria sempre premiado por emprego com remuneração superior e portador de mobilidade ascendente na escala social.

Com isso, observa-se a prevalência da invisibilidade da desigualdade social, cada vez mais naturalizada diante da abissal diferença na evolução dos ganhos de produtividade e da estagnação da remuneração do trabalho. Mesmo assim, prevaleceu o cerco da responsabilização meritocrática do indivíduo, pelo esforço na escolaridade e formação profissional "necessária", diante do desemprego e da baixa remuneração.

Não obstante a continuada retórica a respeito do surgimento da nova sociedade do conhecimento, demandante de crescentes requisitos educacionais e formativos para o êxito da contratação laboral, a realidade do mundo do trabalho tem impedido a sua plena comprovação. Apesar disso, os esforços educacionais individuais e governamentais, conforme atestam os indicadores da Organização das Nações Unidas para a Educação, a Ciência e a Cultura (Unesco), avançaram muitas vezes deslocados da capacidade de ampliação dos investimentos tecnológicos, extremamente concentrados em poucas nações e empresas.

Em função disso, a predominância de estruturas produtivas arcaicas, pressionadas pela presença da mão de obra cada vez mais qualificada, sobretudo na parte ocidental do planeta, dissemina acirrada competição no interior da classe trabalhadora. A aceitação de qualquer forma de trabalho com algum rendimento tem validado a precarização generalizada dos postos de trabalho, inclusive para trabalhadores superqualificados, quando não a própria manifestação do desemprego nos segmentos de maior escolarização.

De outra parte, alguns países registram mais recentemente o fenômeno da "fuga de cérebros", sobretudo nas economias com baixa capacidade de crescimento e geração de empregos de maior demanda por trabalhadores qualificados. As nações receptoras dos fluxos de mão de obra de maior qualificação têm sido aquelas com disponibilidades de proteção social e trabalhista.

A quarta tese do trabalho trata do fim do emprego como expressão determinada pelo avanço da revolução tecnológica (destaque principal em Rifkin, 1995; Reich, 1994; Méda, 1997; Krisis, 1999). A proliferação dos estudos desenvolvidos a partir das metodologias patrocinadas por consultorias empresariais e, inclusive, pelo Fórum Econômico Mundial (FEM), projeta verdadeiro terrorismo em relação ao futuro do trabalho, com o desaparecimento do emprego da mão de obra.

Desta forma, os ideólogos do determinismo tecnológico terminam por suavizar as reais causas do escandaloso crescimento da desigualdade que decorre da adoção do receituário neoliberal. O decréscimo da tributação sobre finanças e grandes capitais, a retirada dos direitos sociais e trabalhistas da mão de obra favorecem a concentração dos ganhos de produtividade fundamentalmente na plutocracia.

Conforme a Federação Internacional de Robótica (FIR), que monitora a evolução da automação no processo produtivo no mundo, os países com maior presença de robôs são justamente aqueles cujo funcionamento do mercado de trabalho não se distancia do pleno emprego. É o caso, por exemplo, do conjunto dos cinco países com maior estoque de robôs no mundo (China, Japão, Coreia do Sul, Estados Unidos e Alemanha) que registra baixa taxa de desemprego (inferior a 4% da força de trabalho). Ao contrário disso, a FIR revela que em países como a França, Itália e Brasil, por exemplo, há um contido estoque de robôs e uma alta taxa de desemprego, quase três vezes superior à verificada nas economias com elevado grau de automação.

Nas revoluções tecnológicas do passado, os postos de trabalho geralmente suprimidos foram aqueles com maior formação profissional, cujo custo de contratação era, em geral, superior aos demais. Em grande medida, o progresso técnico não levou ao fim do emprego da mão de obra, mas a mudanças no conteúdo do trabalho, bem como à ampliação do nível ocupacional associada à repartição dos ganhos de produtividade gerados pela inovação tecnológica, permitindo mais produção com menor custo e menor competição e que amplie a margem de lucro.

Essa massa crescente de lucros, sem regulação pública, viabiliza a monopolização da estrutura de competição nas grandes corporações transnacionais que abusam do poder de mercado para subtrair soberania das nações com apoio de governos plutocratas a esvaziar direitos sociais e trabalhistas. Com o receituário neoliberal na mão esquerda e o chicote da ditadura do mercado na mão direita, o autoritarismo governamental ganha materialidade submetendo o trabalho à privatização das vontades patronais que expõe o excedente dos vendedores de força de trabalho à competição com contapropristas, equivocadamente identificados como empresários de si mesmos.

SOCIEDADE E SUJEITO SOCIAL

Na condição de ser social, o indivíduo condiciona-se e torna-se condicionado pelo contexto histórico e social no qual convive, bem como pela materialidade da organização econômica de produção na sociedade que o absorve parcial ou plenamente. Tanto assim, que a consciência dos indivíduos resultaria da condição do ser social, não o contrário, conforme já havia alertado Karl Marx desde o século XIX.

Em torno da dimensão social dos indivíduos, a produção do conhecimento e riqueza se constituiria associada a tramas diversas de relações subjetivas da socialização de convivência coletiva. Dessa forma, o processo de integração dos indivíduos transcorreria assentado nas dimensões institucionais, culturais e de estruturas sociais, constituindo o sujeito social embebido na diversidade de contatos e significados, contextos e grupos sociais.

Mas isso não significaria que no âmbito da ação dos indivíduos haveria tão somente externalidade e coerção, mas também forças similares às que governam o mundo material (para mais detalhes, ver Giddens e Turner, 1999; Weber, 1982). Nessa perspectiva, ascenderia o sujeito reflexivo de sua experiência vivida, tendendo à crítica e revolta ao existente, o que o diferenciaria do indivíduo portador de desejos, necessidades e do imaginário construído externamente.[1]

Assim, o sujeito social totalizaria o coletivo de indivíduos imersos na ação prática, agindo por necessidade como produto do mundo social, não mais constituído por indivíduos isolados. A convivência em sociedade se expressa em relações de dominação e de reconhecimento coletivos a respeito de interesses e projetos comuns de acomodação e rebeldia para a superação da realidade opressora.

Noutras palavras, a expressão sujeito social se constituiria de práticas políticas e sociais resultantes do conjunto de ações produzidas por agregações de indivíduos que, em determinados momentos históricos, passam a ser reconhecidos pela identidade coletiva de suas atividades e decisões efetuadas. Não se aprisionaria necessariamente a instituições ou organizações preestabelecidas, podendo constituir seus próprios meios de manifestação e ação.

Diante da trajetória de mudanças nas sociedades, portanto, o sujeito social não tende a estar imune. Ao contrário. Como na ascensão do capitalismo em plena sociedade agrária do passado, impactou a herança do patriarcado, constrangeu a prevalência do regime simbólico de idealização da vida e impôs o valor pela competição no mercado. A partir de então, o sujeito social passou a sofrer mutações seguidas, permeando o próprio desenvolvimento da identidade coletiva e, por consequência, individual. Ou seja, a atuação do sujeito resultaria do processo sob o qual prevaleceria a interação com diversos sistemas sociais, como representante do espaço social da subjetividade na produção do sentido de vida.[2]

Diante da sociedade de classes e frações contidas no desenvolvimento capitalista, o conceito de classe trabalhadora e suas mudanças morfológicas se tornaram centrais para a determinação do sujeito social. O mesmo ocorreu com o protagonismo revelado na postura crítica e rebelde presente no interior do processo de resistência e formação de poder em relação aos contramovimentos de conformação do consentimento capitalista.

Em síntese, isso reflete a formação e o desenvolvimento da classe trabalhadora e sua sociabilidade, vivência e cultura classista em termos de processualidade ao longo do tempo (Burawoy, 1982; Hobsbawm, 2000, 2005; Katznelson e Zolberg, 1986; Thompson, 1991).

A perspectiva original de classe trabalhadora abrangeu o proletariado e demais segmentos dependentes da venda de sua força de trabalho, conforme inscrito no *Manifesto do Partido Comunista* de K. Marx e F. Engels (2008), de 1848. Com isso, a parcela da mão de obra que não disponibiliza sua força de trabalho no mercado de trabalho, como os contapropristas, cuidadores familiares e atividades socialmente úteis, ficou relativamente ocultada.

Com todo o processo histórico de imposição das diversas formas organizacionais patronais fordistas e pós-fordistas internalizadas nas sociedades urbanas e industriais, o conceito ampliou-se para atender às mudanças na morfologia da classe trabalhadora e suas formas de organização, mobilização e ação. Por se apresentar como promotora do estranhamento à exploração no local de produção, o conflito e a mudança social se contrapuseram aos esforços do capital e dos governos em desfazer suas forças de organização, resistência e luta no ambiente demarcado pela luta de classes.

Pelo conjunto articulado das práticas coletivas que perpassam o domínio econômico, político e ideológico-cultural, identifica-se junto à classe trabalhadora o protagonismo de determinados segmentos a assumir historicamente a condição de sujeito social. Para tanto, são constituídas organizações de representação dos interesses laborais por meio de sindicatos, partidos e associações capazes de converter indivíduos com idênticas posições no espaço social em uma força rebelde e atuante para a mudança da realidade.

A luta de classes responde a vontades coletivas traduzidas pela realidade de práticas e representações políticas, compreendendo movimentos de sua estruturação e organização. Ou seja, responde à perspectiva de determinado segmento social pertencente à classe trabalhadora de assumir, em dado contexto histórico, temporal e de espaço, a condição de sujeito social protagonizador coletivo nos cenários político e econômico privilegiados.

Mas foi com a emergência e difusão do capitalismo industrial em diferentes territórios do planeta que o avanço da estrutura econômica assentada na produção de manufaturas potencializou a proliferação da classe trabalhadora. Sua trajetória política ao longo do tempo se apresentou, contudo, diferenciada, seja pelo seu peso relativo no conjunto da sociedade, seja pelo passado agrarista (feudal, escravista e outros) que deu origem à transição para a nova sociedade urbana e industrial.

Nesse sentido, o sujeito social expresso pela classe trabalhadora no capitalismo industrial encontra-se associado às propriedades estruturantes da relação com as classes dominadas. Daí provém a forma de articulação do regime político e sua configuração nas instâncias privilegiadas ideológico-cultural, política e econômica. Em resumo, o próprio processo de formação da identidade coletiva está implícito na morfologia da classe trabalhadora e de pertencimento às instituições próprias de representação de interesses laborais (sobre o assunto, ver Glucksmann, 1977; Mészáros, 2002).

Nos dias atuais, a passagem da sociedade industrial para a de serviços não faz desaparecer as lutas da classe trabalhadora e as mobilizações populares. Ao contrário, as mobilizações coletivas das multidões voltadas para objetivos convergentes e particulares permanecem ativas e responsáveis por antagonizar os interesses das classes dominantes.

Ainda que o descrédito da política atual possa influenciar menos a vida dos indivíduos, ela segue impactando a trajetória das sociedades. Isso porque o jogo de forças entre diferentes campos ideológicos, os conflitos e lutas que definem a moldagem da sociedade permanecem plenamente ativos.

Acontece, todavia, que as lutas sociais alteraram significativamente a natureza de suas organizações, distanciando-se da clássica estrutura da sociedade urbana e industrial, convencionalmente associada às formas de representação por sindicato, partido político e associações em geral. Enquanto a classe trabalhadora tradicional se transmuta em novos trabalhadores dos serviços, ela praticamente não compreende a linguagem que vê e escuta, afastando-se das formas de organização e expressão das lutas do passado.

A força do trabalho contemporâneo se apresenta cada vez mais heterogênea, distanciando-se da unidade do sujeito reflexivo de sua experiência vivida, cuja subjetividade pessoal levava-o a se sentir responsável por si mesmo e pela sociedade, espelhando-se no antigo estilo de vida e hábitos culturais (mais detalhes em Touraine, 2006; Dubet, 1994; Crozier e Friedberg, 1977; Giddens, 2005; Guattari e Rolnik, 1993). Concomitante com a diminuição dos espaços de concentração laboral, outrora presente nos grandes estabelecimentos e plantas industriais de contratação regular e regulamentada da mão de obra, enfraquecem as formas de submissão a hierarquias e à centralidade do trabalho formador da identidade e do pertencimento em coletividades laborais tradicionais.

O deslocamento da formação da identidade pelo trabalho organizado e estruturado pelo assalariamento regular e regulamentado acompanha a deformidade dos comportamentos, sem limitar, tampouco esgotar, a luta de classes. Mas situa a associação à identidade e ao pertencimento para além do processo de produção e reprodução material do trabalho humano pela sobrevivência.

Nesse sentido, emerge um novo sujeito que valoriza a perspectiva da autonomia e atua angustiado com a manipulação em função de circunstâncias e de movimentos de parceiros. Devido à centralidade do trabalho assentada na terciarização da economia, surgem outras oportunidades para o desenvolvimento de estratégias diante do caráter dinâmico das relações de dominação e poder.

Embora a reflexão a respeito da "entidade sujeito social" seja complexa e controversa nas Ciências Sociais, apresenta-se fundamental nos dias atuais para a redefinição do entendimento acerca das práticas sociais concretas como elementos do contexto, convenções e intenções no curso da transição antecipada para sociedade de serviços no Brasil. Em função disso, parte-se da hipótese da existência de um novo sujeito social a se expressar cada vez mais na forma identitária, ou seja, correspondendo à identidade social dos indivíduos relativa ao contexto mais amplo pelo qual se encontra inserido, não mais produto de coletivo de indivíduos isolados (elementos teóricos presentes em Touraine, 1998; Dubar, 2004; Bourdieu, 1984; Foucault, 1978).

De certa forma, a percepção humanista, universal, atemporal e racionalista do sujeito social se mostraria insuficiente para tratar do novo submetido à problematização da tensão entre o consciente e o inconsciente que se mistura à intencionalidade, o pragmatismo social e a ideologia. O sujeito social que emerge encontra-se espremido pela ação do consciente sobre a realidade existente e do inconsciente revelado pelo passado da origem familiar.

Assim, o sujeito social engajado por relacionamentos concretos (profissão, gênero, raça, nacionalidade e outros) associa-se à busca de maior autonomia. Também se volta à possibilidade do domínio tanto sobre as condições de existência como do financiamento do modo de vida e trabalho, não mais, necessariamente, ao compromissado com a mudança e transformação social coletiva.

As distintas dimensões da vida parecem ganhar maior notoriedade na definição da identidade no trabalho em relação às questões de gênero, etnia, religiosidade, entre outras. Talvez por isso, o senso de pertencimento dos indivíduos em sociedade encontra-se em curso no seio da nova classe trabalhadora em ascensão, questionadora das tradicionais organizações de representação de interesses.

ORGANIZAÇÃO E REPRESENTAÇÃO DO TRABALHO

Em mais um relatório *World Employment and Social Outlook/2019*, a Organização Internacional do Trabalho (OIT, 2019) reafirmou o que tem sido cada vez mais visível na realidade das nações: a precarização generalizada da classe trabalhadora e o enfraquecimento dos sindicatos. Após quase quatro décadas de dominante globalização, as conquistas obtidas pelo mundo do trabalho durante os anos gloriosos do capitalismo organizado parecem ficar cada vez mais distantes.

Dessa forma, as diversas antevisões um tanto otimistas acerca das possibilidades dos trabalhadores na nova sociedade do conhecimento tornam-se cada vez mais ilusórias. Ao mesmo tempo, também se mostram frágeis as perspectivas negativas da perda de centralidade do trabalho, bem como as projeções sobre o próprio fim do trabalho, conforme tratado anteriormente.

A tendência geral de precarização da classe trabalhadora e de esvaziamento dos sindicatos encontra pelo menos duas dimensões distintas, porém convergentes historicamente. A primeira relacionada à constituição e desenvolvimento da ordem hierárquica de funcionamento do capitalismo desde o século XVIII sob a hegemonia inglesa. A partir disso, a estrutura técnico-produtiva estabeleceu os parâmetros pelos quais isoladamente a competição intercapitalista definiria dada quantidade de uso da força de trabalho.

A segunda dimensão histórica abrange o papel da luta de classe e instituições, assim como a atuação do Estado, com suas políticas públicas, a determinar o limite máximo ao qual o capital estabeleceria o grau de exploração do trabalho. Enquanto a rigidez no uso da força de trabalho encontra-se associada à estrutura técnico-produtiva, a flexibilidade assenta-se no modo de regulação das condições de uso e não uso do trabalho.

Pelo contexto atual de transição para o terceiro movimento constitutivo de estrutura técnico-produtiva capitalista, a aceleração no grau de intensidade da luta de classes e transformação do Estado tem imposto derrotas inegáveis ao mundo do trabalho e ao sindicalismo. Mas isso, guardada a devida proporção, também já havia sido observado durante a constituição da primeira e segunda estrutura técnico-produtiva no capitalismo.

Com o avanço da primeira Revolução Industrial e Tecnológica, especialmente na Inglaterra desde a segunda metade do século XVIII, uma nova estrutura de organização técnico-produtiva se constituiu, conforme retrataram diversas análises acerca da exploração da classe trabalhadora e do estágio da luta de classes (sobre o assunto, ver Engels, 2008; Silver, 2005; Thompson, 1987). Pela transição do antigo Estado absolutista para o liberal, as mínimas formas de atuação de políticas públicas distanciaram-se de ações sobre o mercado de trabalho, enquanto o sindicalismo de ofício respondeu aos interesses da classe trabalhadora representada pelos artesãos, excluídos do voto pela democracia censitária (mais detalhes em Cole, 1943; Neuville, 1957; Webb e Webb, 1950).

Desde o último quartel do século XIX, a Segunda Revolução Industrial e Tecnológica estabeleceu os parâmetros da nova estrutura técnico-produtiva. Assim, os parâmetros de uso do trabalho pelo capital foram definidos, bem como proliferaram as disputas de classes em torno da situação da emergência do operariado industrial (mais detalhes em Goldthorpe, 1968; Dunlop *et al.*, 1968; Touraine, 1968).

Com o esgotamento na atuação do sindicalismo de ofício surgiram outras formas de organizações de representação dos interesses. Especialmente o novo sindicalismo, em articulação com partidos políticos vinculados aos trabalhadores, impactou diretamente na transição do Estado liberal para o de bem-estar social, o que garantiu espetacular período de expansão econômica com inclusão social e democracia de massa, sobretudo após o final da Segunda Guerra Mundial (mais informações em Przeworski, 1943; Beveridge, 1943; Titmuss, 1974; Esping-Andersen, 1991).

A partir do final da década de 1970, com a emergência da Terceira Revolução Industrial e Tecnológica e com as mudanças em torno de uma nova estrutura técnico-produtiva, definidora no uso da força de trabalho, a situação da classe trabalhadora passou a retroceder concomitante às formas tradicionais de representação de interesses. O embate no interior da atuação do Estado provocado pela ascensão do neoliberalismo comprometeu as funções de bem-estar social e questionou possibilidades de lutas e de organização da classe trabalhadora da sociedade de serviços.

Uma vez recuperada brevemente as transformações na estrutura técnico-produtiva e do mundo do trabalho, considera-se a problemática de transições dos sujeitos sociais e suas formas de organização e representação de interesses. A referência ao caso brasileiro tem importância frente às especificidades observadas nas distintas passagens no interior do mundo do trabalho, bem como a diversidade das formas de representação dos interesses laborais ao longo do tempo.

Nesse sentido, identificam-se três diferentes sujeitos sociais que se mostraram centrais na configuração das principais organizações de interesses laborais desde a condição do Brasil colônia. Inicialmente, o auge e a crise do conjunto dos artesãos e de suas organizações de ofício, irmandades e sociedades de ajuda mútua constituídas por sócios definidos no meio urbano por trabalhadores livres em plena sociedade agrária escravista.

Na sequência, com o ingresso no modo de produção capitalista, há a ascensão e queda do operariado industrial e dos sindicatos livres e corporativos como sujeito social dominante desde a passagem da sociedade agrária para a urbana e industrial. Por fim, surgem os contapropristas e seus organismos não-governamentais de representação na transição antecipada para a sociedade de serviços.

Artesãos como sujeito social e suas organizações na sociedade agrária e escravista

O mundo do trabalho que se constituiu com o processo de colonização portuguesa desde o início do século XVI no Brasil predominou por quase 390 anos antes do mercado de trabalho se estabelecer como venda e compra de força de trabalho. No passado, a condição de trabalho forçado jamais foi homogênea, com diferentes práticas da escravidão na sociedade agrária compreendendo funções no interior da casa grande, bem como fora dela nas múltiplas tarefas na agricultura, mineração, pecuária, entre outras.

Também o trabalho escravo avançou para áreas urbanas com distintas formas de uso. Em virtude disso, vários conflitos e revoltas se produziram confrontadas pela violência do domínio branco, sobretudo no interior do mundo do trabalho da época em resposta à opressão e violência exploradora de homens e mulheres ainda mais expostas ao próprio abuso sexual.

Para, além disso, o mundo do trabalho predominantemente escravista compartilhou, ainda que minoritariamente, a presença de trabalhadores livres em lenta expansão formativa das bases do mercado de trabalho desde a Independência nacional. Nessa trajetória pregressa, se identificam as primeiras práticas de associações vinculadas às corporações de ofício e de ajuda mútua entre trabalhadores livres em profissões específicas.

Desde então, a organização de coletivos dos trabalhadores tem apresentado distintos sujeitos sociais e significados em função das transformações na estrutura econômica, social e política brasileira. Destaca-se, por exemplo, que antes do domínio tardio do capitalismo industrial, o artesanato expressou o principal meio de organização do trabalho livre no interior do processo produtivo de bens básicos como móveis, ferramentas, vestimentas e outros estabelecidos mediante encomenda, em geral.

O sistema de trabalho instituído por corporações era conduzido por artesãos independentes ou contando com o auxílio de trabalhadores livres e até mesmo escravos. Em geral, as atividades laborais voltavam-se ao atendimento do pequeno e estável mercado local.

Representou, assim, avanço considerável em relação ao modo familiar anterior de produção assentado no autoconsumo, uma vez que o trabalho não estava associado ao atendimento mercantil. Com os artesãos, o que era vendido no mercado era resultado do trabalho especializado, não ainda a força de trabalho frente à ausência de mercado de trabalho propriamente dito (sobre o assunto, ver Huberman, 1986; Martins, 2006).

Assim, o trabalho do artesão era especializado, cuja produção em pequena escala dependia da organização do negócio próprio, conduzido pelo mestre, ou do negócio de outro, quando na condição de oficial ou jornaleiro, se concluído o processo de aprendizagem do ofício (aprendiz). O artesão era o proprietário da matéria-prima utilizada na produção, assim como as ferramentas utilizadas no processo produtivo.

Por conhecer e participar de praticamente todo o processo de fabricação de mercadorias (compra de matéria-prima, confecção do produto e venda), o ritmo da produtividade vinculava-se, em geral, às habilidades do artesão. Com o passar dos anos, o sistema doméstico de produção do artesanato passou a substituir as encomendas diretas do público ao artesão pela demanda cada vez mais sistêmica organizada pelas atividades intermediárias focadas em homens de negócio que antecederam a figura do empresário.

Ao disponibilizar a matéria-prima, os empresários da época recebiam o produto final realizado pelo trabalho do artesão mediante remuneração para que, na sequência, pudesse ser vendido no mercado. Mesmo trabalhando no sistema doméstico, o artesão ainda conseguia manter a autonomia no controle do tempo necessário para a execução de cada tarefa, mesmo sem conseguir separar a vida familiar das tarefas do trabalho, sendo a habitação o próprio local do exercício do labor.

Nestas circunstâncias, as antigas corporações de ofício e irmandades religiosas, bem como as suas sucessoras, as sociedades de ajuda mútua, buscavam regular as profissões e a hierarquia do processo produtivo artesanal. Ao mesmo tempo, as ações voluntária, estratégica e religiosa buscavam estabelecer certo poder local para manter o monopólio do ofício, a autonomia do trabalho e, por consequência, a autogestão da produção.

Tudo isso, em uma economia pré-capitalista hegemonizada pelo grande domínio agrário, escravista, latifundiário e extremamente dependente da exportação de produtos primários, cuja presença do movimento associativo laboral era muito contida, salvo o meio urbano, que continha situações de trabalho livre com base no artesanato, comércio e serviços técnicos (médicos, advogados e engenheiros), bem como nos funcionários públicos vinculados à Coroa portuguesa.

A despeito da longevidade da sociedade agrária, a população permaneceu mais restrita às áreas litorais e em poucos enclaves no interior do território. Com isso, o movimento das organizações laborais ganhou maior dimensão e impulso a partir da segunda metade do século XIX, com o avanço no processo formativo do mercado de trabalho e certo adensamento do operariado em atividades fabris em algumas cidades.

Originalmente, no Brasil, os artesãos expressaram o segmento laboral mais longevo no território nacional, dominado por mais de três séculos de formas organizativas, resistências e lutas para o conjunto seletivo dos trabalhadores livres. Nessa perspectiva específica, as organizações de interesses do trabalho dos artesãos apresentaram dois formatos distintos, sendo as corporações de ofício e irmandades religiosas, por um lado, e as sociedades de mútuo socorro (mutualismo), por outro, conforme descrito a seguir.

Corporações de ofício e irmandades religiosas no período do Brasil colônia

O Brasil colonial, dominado durante séculos pela escravidão, conviveu com a presença de contido segmento social formado por trabalhadores livres. Com o tempo, contudo, o heterogêneo grupo de mercadores e artífices, entre outros trabalhadores livres com melhor remuneração, conseguiram vincular lutas coletivas em torno da criação de associações de garantia protetiva e defensiva no interior da nascente sociedade agrária permeada por ausência da esfera pública.

Na época, a principal expressão do associativismo laboral foi denominada por corporações de ofício e irmandades religiosas como formas de representação de interesses frente às injustiças e à exploração do trabalho forçado. Mesmo na vigência do exclusivo colonial, imposto pela metrópole para o seu enriquecimento mercantil, houve ascensão econômica e social de uma pequena elite local a operar o monopólio da produção e do comércio.

Ainda que o motor da produção mercantil estivesse assentado no trabalho escravo de propriedade do senhor de escravos e condutor da monocultura exportadora de produtos primários em latifúndios, a expansão da sociedade agrária compreendia a manifestação do artesanato em pequenos enclaves urbanos. Nestes espaços geográficos, apropriados pela estrutura organizativa da colonização, se estabeleceram ofícios ocupados por artífices inicialmente portugueses.

A sua reprodução no tempo, contudo, contou com as atividades dos jesuítas responsáveis pela formação, inclusive de nativos, para que posteriormente pudessem exercer trabalhos qualificados em serviços essenciais na colônia. Em geral, artesãos de base formativa religiosa foram originalmente transferidos para a colônia com o intuito de ensinar ofícios, concomitante com a tarefa de catequização dos indígenas.

Na época, a totalidade dos ofícios se dividia em dois segmentos principais. O primeiro vinculado às atividades domésticas comuns e o segundo às tarefas profissionais: alfaiates, sapateiros, pedreiros, barbeiros, ferreiros, torneiros, carpinteiros ou entalhadores, livreiros, encadernadores, agricultores, enfermeiros, cirurgiões, construtores navais e outros.

Nas poucas cidades do período colonial, como Recife, Salvador e Rio de Janeiro, por exemplo, constituíram-se as atividades urbanas com a presença dos ofícios domésticos e mecânicos. Com isso, a oportunidade para o estabelecimento das primeiras associações laborais a reproduzir o modelo organizacional das antigas corporações de ofício ibéricas.

Ao mesmo tempo, houve a ascensão econômica da contida elite local no lastro da expansão mercantilista da escravidão e extração da riqueza pela dominação colonial portuguesa. A diversidade dos ofícios nos três séculos da existência no Brasil se justificava pela demanda em engenhos, mineração, colégios, ribeiras e outras (mais detalhes em Fragoso, 1992; Leite, 1953; Martins, 2006; Araújo, 2010; Cunha, 2005). Mas, com a chegada da família real, em 1808, as organizações laborais formadas pelo modelo das corporações de ofício passaram a ser asfixiadas até a proibição completa definida pela Constituição do Império, em 1824, a primeira após a Independência nacional.

Acontece que o novo contexto político e econômico trazido por D. João VI expressava, em parte, a emergência do espírito liberal contido no imperialismo inglês, procurando superar os elementos fundantes do antigo regime colonial português. Entre os anos de 1808 e 1824, por exemplo, o processo de liberalização comercial, produtivo e laboral seguiu a força dominante do capitalismo industrial em desenvolvimento na Europa.

Com a Independência, o controle do trabalho e o sistema de aprendizado próprios das corporações de ofício foram interpretados como rigidez à competição laboral no meio urbano, sem haver oposição ao monopólio do trabalho forçado pela escravidão dominante no agrarismo. Assim, os empréstimos e a defesa dos interesses na produção e nos preços das mercadorias, o treinamento e monitoramento do trabalho, por parte das irmandades e corporações de ofício, de seus associados contribuintes deixaram de ser realizados por força das autoridades locais da época.

Diante da crescente concorrência de produtos importados impulsionada por grandes comerciantes e da ampla desvalorização do trabalho na escravidão, o que havia de organização laboral deixou de existir. Pela imediata independência nacional, a monarquia se constituiu permitindo certo avanço às atividades mercantis urbanas, com a liberação de restrições estabelecidas até então pelas ações das corporações de ofício.

Com a abertura dos portos, a liberação do ingresso de produtos estrangeiros desmontou o monopólio do comércio artesanal controlado pelas corporações que era até então contido pela dimensão do consumo local. Essa reconfiguração social e econômica provocada pelos novos tempos do liberalismo inglês se restringiu fundamentalmente ao ínfimo meio urbano vigente naquela época.

Mesmo com o nascimento do Império, em 1822, o conjunto da sociedade agrarista prosseguiu praticamente inalterado, ou seja, dependente da escravidão, monocultura primário-exportadora e posse da terra na forma de imensos latifúndios, em grande medida improdutivos.

Resumindo, a decadência das corporações de ofícios promovida com a chegada da Família Real, em 1808, transcorreu simultaneamente com a abertura dos portos, quando mestres artesãos e bandeiras de ofícios perderam a exclusividade do comércio de seus artigos nas ruas. Pelo pensamento liberal em ascensão desde então, importado do capitalismo inglês, as organizações laborais vigentes no meio urbano comprometiam o fortalecimento das atividades e dos interesses mercantis (mais detalhes em Bosi, 1992; Costa, 1999; Martins, 2012; Cunha, 1978).

Sociedades de mútuo socorro no Brasil Imperial

A partir da década de 1830, o vazio deixado pelo desaparecimento forçado pela doutrina liberalizante das antigas corporações de ofício passou a ser preenchido pelo aparecimento de novas associações laborais focadas no auxílio mútuo. Também sobreviveram as irmandades e confrarias de passado colonial, desde que não embandeiradas.

Assim, as irmandades assumiram o caráter estritamente religioso. Mesmo que desassociadas da antiga defesa das profissões e ação urbana na esfera, pois dedicadas ao culto de patronos e à assistência individual dos sócios, algumas delas buscavam integrar negros e miscigenados em luta contra a escravidão.

As sociedades de ajuda mútua com base em ofícios manuais possuíam objetivos econômicos, sociais e políticos mais definidos em termos da defesa e valorização de profissões. Ao constituírem fundos de recursos próprios arrecadados dos associados, as formas de organização dos interesses laborais da época tratavam de enfrentar os riscos do trabalho numa sociedade escravista e sem qualquer espaço público para a defesa e valorização da vida.

Embora não emergissem da simples extinção das corporações de ofício, as sociedades de auxílio mútuo permaneceram expressando os elementos característicos do trabalho livre permitido no meio urbano em plena vigência da sociedade agrária e escravista. As novas associações em curso no Brasil imperial promoveram a solidariedade e sociabilidade coletiva associada ao modo de vida em vilas e cidades da época (sobre o assunto, ver também Basile, 2001; Conniff, 1975; Carvalho, 1987).

Ademais dos fundos de ajuda mútua voltados ao socorro dos associados, o que justificava a existência das associações durante o Império (1822-1889), destaca-se também a intenção explícita da defesa profissional. O mutualismo correspondeu ao primeiro degrau da valorização do trabalho livre e qualificado que gradualmente assumiu a perspectiva classista, sobretudo com a formação do mercado de trabalho livre.

A apreciação profissional se fundamentava na formação qualificada para o exercício do trabalho nos ofícios promovidos por diversa programação das organizações laborais. Em certo sentido, a formação da oferta de mão de obra qualificada permitia ao mutualismo atuar no monitoramento da concorrência laboral diante das encomendas realizadas cada vez mais por intermediários dos negócios nas cidades.

Também é possível identificar a manifestação de iniciativas legislativas voltadas à regulação das relações do trabalho livre no período imperial. Ressaltam-se, por exemplo, a legislação de 1830, que regulou o trabalho livre na prestação de serviços qualificados, lei de locação de serviços, o Código Comercial (Brasil, 1850a), que registrou pela primeira vez alguns direitos do trabalho livre (salário na ausência por acidente de trabalho, indenização e aviso prévio) aos empregados do comércio e o decreto sobre a Locação de Serviços de 1879 – Decreto n. 2.827 (Brasil, 1879) –, que definiu obrigações contratuais entre fazendeiro e trabalhador como no caso do exercício da greve.

No contexto transitório de antigas tarefas das sociedades de ofício para as sociedades de resistência se constituiu dominante o modo de produção capitalista desde a década de 1880. Concomitante às atividades vinculadas à gestão dos fundos de ajuda mútua em atenção ao financiamento da inatividade por velhice, desemprego e acidente laboral, o treinamento profissional de jovens, especialmente pobres, tinha espaço privilegiado na educação para o trabalho manual qualificado.

Na dimensão do liberalismo que não ousava ultrapassar barreiras do trabalho escravo, os restritos traços de participação social emitidos pelas antigas corporações de ofício, permitidas no período colonial, foram ainda mais limitados durante o Império. Isso porque as sociedades de ajuda mútua foram tolhidas de reproduzir idêntica articulação entre a maestria e o aprendizado no interior das oficinas que operavam sem mais o controle pleno do processo de produção e comercialização.

Da mesma forma, a ascensão política do grupo composto por grandes comerciantes, que substituiu o conjunto das corporações de ofícios, permitiu assumir a condição de representantes de parte dos profissionais urbanos e consolidar, assim, o poder junto ao setor mercantil. Mesmo assim, o surgimento pulverizado de sociedades de todo tipo no Império estabeleceu novos espaços para a organização de grupos profissionais.

Em geral, as sociedades de ajuda mútua detinham liberdade para estabelecer a organização laboral e atuar na esfera da proteção e seguridade dos associados a partir de autorização governamental. Pelos laços da sociabilidade e solidariedade laboral, o mutualismo se ergue nas atividades artesanais e mercantis urbanas em disputas com grandes comerciantes.

No Rio de Janeiro, por exemplo, dois terços das 46 organizações de trabalhadores criadas entre 1835 e 1899 eram sociedades de mútuo socorro de adesão específica e até de pretensão nacional. A parte restante das organizações de trabalhadores era formada por montepios, cooperativas e sociedades beneficentes.

Em plena economia pré-capitalista e sem mercado de trabalho constituído, a competição chegou a incluir escravos de ganho, conforme denominado à época. Também havia a presença de escravos atuando como se fossem artesãos qualificados em oficinas, dada a escassez do trabalho livre em algumas localidades.

A estranha concorrência registrada para algumas situações da escravidão produzia impacto nas organizações de trabalhadores livres. Tudo isso ainda antecipando gradualmente a substituição do trabalho forçado implementada pela aprovação da propriedade privada, Lei de Terras – Lei n. 601 (Brasil, 1850b) –, proibição do tráfico negreiro – Lei n. 581 (Brasil, 1850c) – e a imigração branca iniciada a partir de 1850.

Assim, a desaceleração na escravidão terminou sendo acompanhada pelo avanço das associações mutualistas com base no artesanato. Mas a partir dos anos de 1870, por exemplo, a presença de operários em atividades na indústria nascente apontou para o aparecimento dos primeiros sinais de identificação coletiva distinta do pertencimento liderado pelos artesãos.

Na segunda metade da década de 1850, registrou-se o ineditismo da greve de trabalhadores por iniciativa das associações mutualistas. A primeira greve, em 1857, decorreu do amotinamento de trabalhadores livres e escravos no maior estabelecimento industrial da época, uma fundição na cidade de Niterói (Ponta de Areia de Mauá).

A segunda greve registrada no ano de 1858 foi conduzida por artesãos liderados pela Imperial Associação Tipográfica Fluminense na cidade do Rio de Janeiro. Na época, a capital do Império concentrava a maior quantidade de trabalhadores livres e, por consequência, as sociedades de ajuda mútua.

Com o decréscimo escravista e o avanço do trabalho livre nas cidades desde a segunda metade do século XIX, as associações laborais mutualistas foram ganhando maior vigor. Em 1872, por exemplo, a população do Rio de Janeiro, de 275 mil pessoas, era composta por 82% de residentes livres e 18% de escravos, ao passo que, em 1849, a população de 166 mil pessoas era composta por 58% de residentes livres e 42% escravos.

Diante das alterações estruturais no mundo do trabalho, as sociedades mutualistas procuraram mudar o sentido e a linguagem de suas práticas. O curso da formação da classe trabalhadora passava a exigir novas formas de resistência frente à exploração crescente, mais intensa que a valorização e a defesa do trabalho dos artesãos nos estertores da sociedade agrário-escravista.

Destaca-se também o quanto o fortalecimento do movimento mutualista foi acompanhado pelo esvaziamento das organizações católicas no mundo do trabalho, até então predominante. A proibição das corporações de ofício pela Constituição do Império havia permitido somente a sobrevivência das irmandades religiosas, porém sem mais a atenção laboral como prevalecente anteriormente.

De certa forma, o curso da transição iniciada para o modo de produção capitalista impôs consigo o questionamento das sociedades de ajuda mútua. A defesa da "nobilitação" dos trabalhadores livres urbanos justificava-se diante do processo de desqualificação do trabalho gerado no ambiente geral da escravidão.

No ambiente da concorrência estabelecida pela dinâmica do mercado de trabalho em formação no Brasil, a injustiça da exploração capitalista teve maior apelo. Com a manufatura, aprofundou-se a intensificação do trabalho em jornadas elevadas e sem limites de abuso de mulheres, crianças, entre outras, concorrendo para novas organizações laborais.

Operariado industrial como sujeito social e suas organizações no capitalismo da sociedade urbana e industrial

A sucessão do sistema doméstico de produção artesanal para o mercado contribuiu para consolidar o capitalismo por meio do sistema fabril, com o trabalho humano crescentemente subordinado às máquinas. Em vez da produção e venda para o mercado, passou a vigorar a venda da força de trabalho no mercado sob o controle das forças do capital.

Do artesão especializado, proprietário das técnicas e ferramentas, emergiu o operariado industrial submetido ao ritmo e às tarefas do maquinário fabril sob o controle do empreendimento pelo capitalista. Despossuído dos meios de produção, o operário industrial desconhecia o valor da riqueza, tampouco sabia e participava de todo o processo produtivo, assemelhando-se ao apêndice das máquinas.

No sistema da manufatura, os empresários empregaram agrupamentos de trabalhadores livres e até escravos em locais determinados, submetidos ao intenso controle da produção e à extensa jornada de trabalho que desconsiderava faixa etária e gênero. O estranhamento decorrente das péssimas condições de trabalho e rebaixada qualidade de vida em relação à situação dos artesãos contribuiu para gerar identidade e consciência coletiva sobre a forma de funcionamento do capitalismo nascente, principalmente nos centros urbanos.

Inicialmente na condição de empregado do sistema fabril, o operariado industrial executava o trabalho com o material fornecido pelo patrão, na forma de empreitada. Também correspondia às tarefas do operário especializado a realização de trabalhos desprovidos do saber global conforme anteriormente efetuado em ofícios, cada vez mais focado no conhecimento específico determinado pela atividade.

Por fim, o operário qualificado efetuava o trabalho profissionalmente reconhecido, geralmente proveniente da formação qualificada. Apesar das diferenças entre os operários industriais (básico, especializado e qualificado), as condições de trabalho eram desfavoráveis, com jornadas extensas, contidos salários e controle intenso do patronato.

Neste ambiente de capitalismo selvagem, o operariado industrial concentrado nos centros urbanos e submetido às péssimas condições de vida e trabalho foi se transformando em sujeito social constitutivo da classe trabalhadora. Isso porque o operário converteu a sua força de trabalho em mercadoria cujo preço era determinado concorrencialmente no mercado.

Esse mercado de trabalho funcionou desde sua formação, em geral, com excesso de força de trabalho em relação à demanda dos patrões. Por conta disso, a taxa de salário pago aos operários dificilmente acompanharia naturalmente os ganhos de produtividade sem organização e luta dos trabalhadores.

Diante de brutal exploração imposta pelo capitalismo nascente, novas e plurais organizações laborais surgiram para defender as melhores condições de trabalho e vida para a maior parcela da população. Nesse sentido, as sociedades de resistência, ligas operárias e sindicatos da época procuraram organizar crescentes massas de operários industriais desprovidas de direitos em torno de mobilizações, greves e revoltas.

Pela especificidade brasileira, o operariado industrial nasceu e cresceu originalmente sob a prevalência ainda da escravidão. Isso porque somente após três séculos e meio o domínio mercantil atrelado ao trabalho escravo cedeu ao ingresso do país, no final do século XIX, no sistema capitalista mundial.

Ademais de tardio, o capitalismo no Brasil ficou exposto à longa transição que durou oito décadas. Tendo iniciado no período Joanino, que decorreu da presença da Família Real entre 1808 e 1821, ainda durante o colonialismo português, a dominância do modo de produção capitalista somente ocorreu com a abolição da escravatura, em 1888, coincidindo com o fim da monarquia (1822-1889).

Tanto a Independência nacional como a abolição da escravatura foram acontecimentos históricos marcados por características especiais. De um lado, pelas ideias liberais trazidas por D. João VI, que passaram a enfraquecer o sistema mercantilista desde o encerramento do exclusivo metropolitano, com a liberação de portos ao comércio externo, o esvaziamento das corporações de ofício e a pressão do imperialismo inglês pelo fim da escravidão. Contou para isso com a presença cultural de missões francesas e a transformação do Brasil colônia em Reino Unido de Portugal, acompanhadas pelo aparecimento dos primeiros movimentos internos pela república, como a Revolução Pernambucana, em 1817.

De outro, pelo distanciamento do idealismo dos abolicionistas em constituir a libertação de escravos provida de distribuição de terras e de integração pelo sistema educacional em relação à realidade da soltura escravista estabelecida somente em 1888. Por conta disso, negros e miscigenados terminaram sendo excluídos, em geral, das principais oportunidades de emprego abertas pela dominância capitalista, tendo em vista o predomínio de imigrantes a ocupar as vagas existentes à época nos mercados de trabalho urbanos, sobretudo no Sudeste.

O gradualismo na passagem para o capitalismo contemplou também restrições pontuais ao tráfico negreiro, fonte de manutenção da oferta de escravos africanos até a metade do século XIX. Como visto anteriormente, o ano de 1850 foi frutífero para a institucionalização de legislações favoráveis ao estímulo capitalista, com a implantação, em junho, do primeiro Código Comercial brasileiro, Lei n. 556 (Brasil, 1850a) e, em setembro, a aprovação tanto da proibição do tráfico de escravos africanos, Lei n. 581 (Brasil, 1850c), como da propriedade privada de terras, Lei n. 601 (Brasil, 1850b).

Menos de quatro décadas depois, o capitalismo estava plenamente em curso no Brasil. Mas para chegar até a abolição do trabalho forçado, o país assistiu, entre 1850 e 1888, a asfixia da economia mercantil escravista com experimentações de diversas formas alternativas de uso do trabalho livre, mesmo sem que ainda estivesse em funcionamento o mercado de trabalho capitalista.

Ao longo do desenrolar prolongado do escravismo, o operariado industrial teve curso já durante o período imperial e a vigência da sociedade agrária. No primeiro Censo Demográfico Nacional, realizado em 1872, por exemplo, havia 282 mil trabalhadores registrados nas atividades industriais (manufatura, mineração, construção e outras), o que equivalia à época a quase 11% do total das ocupações urbanas e a menos de 5% do total dos trabalhadores livres e escravos do país.

Gráfico 1: Brasil – evolução do operariado industrial relativamente aos ocupados totais, urbanos e com carteira assinada (%)

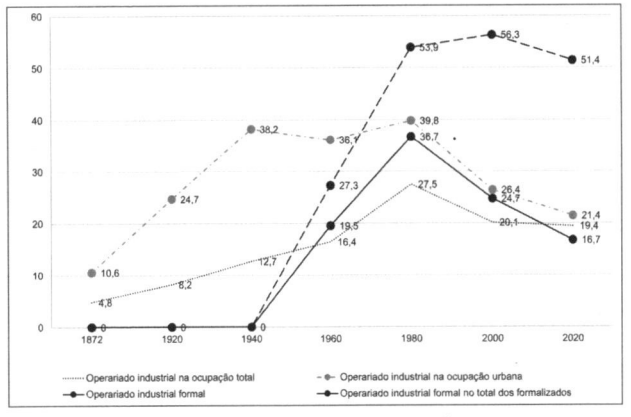

Fonte: IBGE (elaboração própria)

A pequena presença de trabalhadores industriais revelou o atraso capitalista no Brasil, especialmente ao ser contrastado com a amplitude da classe operária industrial nos países de capitalismo avançado na mesma época. Na França, por exemplo, havia, em 1866, 4,7 milhões de empregados nas indústrias (mais informações em Coggiola, 2010; Hobsbawm, 2015; Sennett, 2009).

Nos 150 anos que separam as décadas de 1870 e de 2010, por exemplo, os operários industriais incorporaram a condição de sujeito social nas organizações laborais do país, sobretudo com o capitalismo nascente do liberalismo da República Velha. Mas foi no processo de modernização capitalista, entre as décadas de 1930 e 1980, que o capitalismo atingiu o seu auge, com a industrialização do Estado desenvolvimentista, até ingressar na sua decadência, iniciada nos anos de 1990 com o neoliberalismo desindustrializante e o inchamento dos serviços no Brasil.

Durante as 15 décadas que marcam o nascimento, apogeu e crepúsculo do operariado industrial, as organizações de trabalhadores apresentaram dois principais tipos de atuação. O primeiro, que vigorou até a década de 1930, operava de maneira fragmentada no capitalismo liberal de mercado de trabalho urbano regional possível nos limites da sociedade agrária primária-exportadora.

Em geral, as entidades dos trabalhadores atuavam nos principais estabelecimentos industriais existentes, sobretudo nas grandes cidades como Rio de Janeiro e São Paulo. A liberdade, autonomia e pluralidade nas formas variadas de organização dos trabalhadores diferenciaram-se fundamentalmente do modelo sindical estabelecido diante da ascensão convergente de diversos movimentos antiliberais patrocinadores da Revolução de 1930.

Assim, o segundo tipo de organização dos trabalhadores foi implantado na década de 1930, marcando a transição para a sociedade urbana e industrial e a consolidação da integração do mercado nacional soldado na estrutura corporativa de representação dos interesses. Além da ausência plena da liberdade, autonomia e pluralidade sindical, as novas organizações de trabalhadores tiveram de conviver com os efeitos decorrentes dos regimes políticos republicanos autoritários (Estado Novo, 1937-1945, e ditadura civil-militar, 1964-1985) e democráticos (1945-1964 e 1985-2016).

Diante disso, interessa analisar a trajetória das organizações dos trabalhadores evidenciada desde o final do século XIX pela predominância da ascensão do operariado industrial como sujeito social. Entre as 15 décadas que compreendem o seu aparecimento, ascensão e decadência, o operariado industrial percorreu três distintos tipos de sociedade (agrária, urbana e industrial e de serviços) e dois modelos diferentes de organização laboral (sindicalismo livre e corporativista), conforme apresentado a seguir.

Sindicatos livres na sociedade agrária durante o capitalismo nascente

Em plena escravidão, emergiu no Brasil uma nova concepção a respeito do trabalho, com o início da tímida instalação das indústrias a partir da segunda metade do século XIX. Dessa forma, o mundo do trabalho foi sendo lenta e gradualmente ajustado às novas exigências do capital, bem como à sua interferência em praticamente todas as esferas da vida social.

Com o capitalismo nascente, as relações de produção foram sendo modificadas, com a individualização do trabalho frente à agregação de massas crescentes de trabalhadores impulsionadas pelo progresso industrial e subordinação do tempo ao relógio, não mais ao tempo natural da iluminação dominante no agrarismo. No ambiente fabril, mesmo com maquinário ainda simples, o cotidiano dos trabalhadores sofreu alteração e impactou o mundo do trabalho e as organizações laborais até então existentes.

As antigas sociedades de mútuo socorro que atendiam os artesãos, que compreendiam o sujeito social principal da época, enfatizavam a defesa e valorização dos ofícios, o que se mostrou insuficiente para o operariado industrial emergente. Com o início limitado do processo manufatureiro no Brasil, a extensiva jornada de trabalho era intensificada sem que houvesse proteção laboral e salário correspondente à condição de vida muito precária.

Pela nova estrutura das relações de trabalho, com crescente exploração capitalista, apareceram as sociedades de resistência, constituídas por ligas e sindicatos livres frente ao crescimento do operariado industrial em plena transição do trabalho escravo para o assalariado no Brasil. Desde 1888, com a soltura dos escravos, sem as ações imprescindíveis para a reforma agrária e acesso às políticas educacionais e de saúde inclusivas, a democracia prosseguiu obstaculizada, e o racismo, praticamente inabalado.

Na longa transição para o mercado de trabalho, os trabalhadores negros e miscigenados foram obstaculizados pela preferência patronal pelos imigrantes. Isso ocorreu tanto entre os anos de 1872 e 1890, com o avanço do operariado industrial de apenas 0,5% como média anual, como entre 1890 e 1920, quando registrou crescimento médio anual de 4,6% (9,2 vezes superior).

Com o capitalismo vigorando livremente após o trabalho escravo ser colocado na ilegalidade, dois novos movimentos ocorrem no território nacional com ampliação para a classe trabalhadora brasileira. De um lado, a urbanocracia a ganhar impulso frente à ditadura de domínio rural e, de outro, a transferência do dinamismo nordestino da economia primário-exportadora para o Centro-Sul do país.

De forma inédita nos ciclos econômicos primário-exportadores anteriores, o estado de São Paulo conseguiu aliar a expansão do complexo cafeeiro com a irradiação de base industrial. O diferencial paulista inundou o mercado de trabalho em formação com ampla presença de imigrantes externos como adicional aos trabalhadores livres existentes.

Dos 3,3 milhões de imigrantes estrangeiros que ingressaram no Brasil entre 1891 e 1930, por exemplo, somente o estado de São Paulo recepcionou 62% do total, sendo 40% formados por italianos. A partir da década de 1920, os estados de São Paulo e Rio de Janeiro passaram a recepcionar imigrantes internos, sobretudo provenientes do Nordeste.

A convergência das atividades industriais nas cidades de São Paulo e do Rio de Janeiro resultou na concentração territorial do operariado industrial no Brasil. Em 1920, por exemplo, as duas cidades juntas detinham de 51% da classe operária industrial do país, enquanto em 1907 era de 39%.

Do ponto de vista dos estabelecimentos industriais no Brasil, somente São Paulo respondia por 31% do total em 1920. Treze anos antes, a cidade de São Paulo detinha apenas 10% dos estabelecimentos industriais no Brasil.

Com isso, o novo tipo de organização laboral que resultou do curso das mudanças no mundo do trabalho teve mais importância relativa na Região Sul do país. Não representou, contudo, a simples sucessão das antigas sociedades de ajuda mútua que, vinculadas aos interesses dos artesãos, permaneceram ativas enquanto o segmento ocupacional conseguiu perdurar no país.

Tomando-se por referência as duas principais cidades brasileiras (Rio de Janeiro e São Paulo), percebe-se o salto verificado na ação de novas sociedades laborais de caráter de resistência. Em termos de greves realizadas, as duas cidades juntas contabilizaram três paralisações laborais como média anual entre 1889 e 1900; 19 entre 1901 e 1914; 21 entre 1915 e 1929; e 20 entre 1930 e 1940.

De maneira geral, a liberdade de organização e autonomia sindical foi aprovada na República Velha (1889-1930) pelo Decreto n. 979 (Brasil, 1903), de 1903, aos trabalhadores da agricultura e empresas rurais. Mas foi pelo Decreto n. 1.637 (Brasil, 1907), de 1907, que foi estabelecida a primeira legislação nacional que definiu a atividade sindical até 1930, com liberdade organizativa e de filiação, autonomia administrativa e faculdade de constituir uniões e centrais, sem limitação territorial (municipal, estadual ou nacional).

Sem haver o direito do trabalho, somente introduzido na década de 1930, as questões trabalhistas dependiam do Código Civil. Dessa forma, o contratualismo vigente nas relações de trabalho sofria a ação das organizações de resistência.

Em 1903, surgiram as federações operárias nas cidades com maior número de operários fabris (Rio de Janeiro, São Paulo, Salvador, Recife e Porto Alegre) e, em 1906, realizou-se o primeiro congresso operário no Brasil. Dois anos depois, foi criada a Confederação Operária Brasileira (COB), composta, em 1908, por 50 entidades laborais do país.

Também nas principais cidades brasileiras proliferaram crescentes lutas contra a violência policial e a expulsão de operários estrangeiros. Da mesma forma, foi importante a realização de campanhas para a formação de fundos de ajuda mútua e campanhas de solidariedade aos operários em greve.

No início do século XIX, as atividades sindicais eram comandadas geralmente por direções anarcossindicalistas que se posicionavam contrárias às associações clericais e mutualistas voltadas às práticas assistencialistas e beneficentes. Com o processo de politização do operariado industrial promovido pelo sindicalismo de resistência, o Brasil conheceu, em 1917, a primeira greve geral iniciada por mulheres na indústria de cotonifício paulista, que se generalizou para outros setores econômicos e atingiu o Rio de Janeiro e o Rio Grande do Sul, por 30 dias, com mobilizações e lutas.

Confirmou-se assim, o período de auge dos movimentos grevistas conduzidos, muitas vezes, pela liderança de trabalhadores imigrantes em prol dos direitos sociais e trabalhistas. Sem a existência de um mercado nacional de trabalho urbano, as principais cidades refletiam realidades diferenciadas em termos de composição das ocupações. Na cidade de São Paulo, por exemplo, 68% dos ocupados eram imigrantes no ano de 1890, enquanto no Rio de Janeiro, no mesmo ano, 65% das atividades de menor rendimento eram ocupadas pela população não branca no mesmo ano (mais detalhes em Batalha, 2000; Dulles, 1980). A partir da década de 1920, as organizações laborais ampliaram ainda mais a pluralidade, como o engajamento de direções sindicais vinculadas às ideologias socialistas, comunistas, entre outras.

Nesse sentido, as organizações do operariado industrial foram sendo crescentemente críticas ao capitalismo selvagem e ao liberalismo do Estado mínimo. Um diferencial importante em relação às organizações do mutualismo que se voltava à defesa de interesses específicos de artesãos, e não à transformação radical da sociedade.

No caso das organizações de sindicatos e greves conduzidas por organizações laborais dirigidas por socialistas e comunistas havia, distintamente do anarcossindicalismo, o apelo à participação eleitoral e articulação parlamentar com o objetivo de fazer frente à mentalidade escravista ainda predominante no seio das elites patronais da época. Pretendia-se, assim, modificar o papel predominante do Estado mínimo em prol da implantação dos direitos sociais e trabalhistas (mais informações em Badaró, 1998; Pinheiro 1979; Azevedo, 2000).

Antes disso, havia algum vestígio de legislação laboral. Em 1890, por exemplo, o Decreto n. 528 (Brasil, 1890) regulou serviços, auxílios e garantias sociais para imigrantes, enquanto o Decreto n. 1.313 (Brasil, 1891) limitou a graduação do horário diário de trabalho nas fábricas têxteis da cidade do Rio de Janeiro (3 horas na faixa etária de 8 a 10 anos; 4 horas, de 10 a 12; 7 horas, de 12 a 15 anos; e demais, das 6 horas às 18 horas, salvo domingos e feriados).

· Depois disso, somente a partir de 1919, com a aprovação das primeiras convenções internacionais no âmbito do Tratado de Versalhes, que criou a Organização Internacional do Trabalho (OIT), o parlamento brasileiro implementou a Comissão de Legislação Social na Câmara. No mesmo ano de 1919, o Poder Legislativo aprovou a lei de acidentes do trabalho, o Decreto n. 3.724 (Brasil, 1919), assim como implantou, em 1923, a caixa de aposentadoria e pensões e a estabilidade no emprego a partir de 10 anos de serviço aos ferroviários de São Paulo; em 1925, as férias de 15 dias a todas as categorias; e, em 1926, a regulação do trabalho de crianças nas fábricas, com a proibição antes dos 12 anos de idade.

Gráfico 2: Brasil – evolução da taxa de sindicalização (em %) e do número médio de greves em períodos de anos selecionados

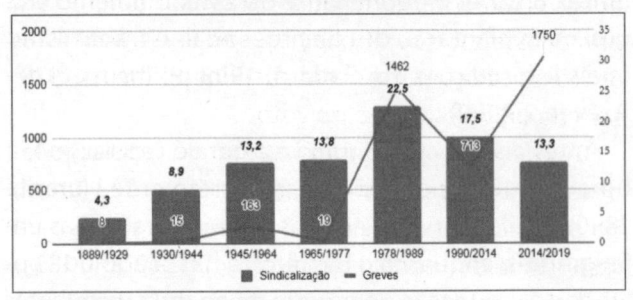

Período	Sindicalização	Greves
1889/1929	4,3	8
1930/1944	8,9	15
1945/1964	13,2	183
1965/1977	13,8	19
1978/1989	22,5	1462
1990/2014	17,5	1718
2014/2019	13,3	1750

Fonte: IBGE (elaboração própria)

Na sequência, o Poder Executivo também apresentou alguma ação em relação ao tema laboral. Com o Decreto n. 16.027 (Brasil, 1923), o Conselho Nacional do Trabalho (CNT) foi criado como órgão consultivo do Ministério da Agricultura, Indústria e Comércio para tratar dos assuntos de contratação laboral, remuneração, arbitragem e outros.

Diante da problemática do rebaixamento das condições de trabalho colocada mais explicitamente no capitalismo avançado do século XIX, a Igreja Católica também se posicionou sobre as relações de trabalho por meio da encíclica *Rerum Novarum*, em 1891. Naquela oportunidade, o catolicismo se antecipou em respostas às visões anarquistas, socialistas e sociais-democratas em defesa dos direitos sociais e trabalhistas, da propriedade privada e dos sindicatos dos trabalhadores.

Apesar das limitações do liberalismo durante a República Velha, movimentos laborais ganharam destaque. Certamente, contribuiu para o surgimento das primeiras leis sociais e trabalhistas no Brasil, bem como articulou cada vez mais com partidos políticos em defesa da universalização do voto.

Três décadas após a transição para o capitalismo, a questão social se mantinha crescentemente vibrante no país. Tanto assim é que o tema das reformas em resposta institucional ao mal-estar instalado do liberalismo começou a fazer parte da agenda de debates das eleições presidenciais na República Velha.

Como expressão disso, a articulação do operariado conduzida pelo movimento sindical sob a direção de comunistas se propunha a fortalecer a formação de partidos (PCB) e do Bloco Operário e Camponês no final da década de 1920. De fato, o PCB, criado em 1922 e logo colocado na ilegalidade no governo de Epitácio Pessoa (1919-1922), recuperou a sua legalidade em 1927 e, na eleição de 1930, lançou o vereador carioca Minervino de Oliveira para presidente da República.

Com a presença de parcela dos trabalhadores na campanha em defesa da universalização do voto, o tema partidário começou a atrair os interesses de mais de 90% da população adulta alijada da política eleitoral. Da mesma forma, políticas públicas e direitos sociais e trabalhistas foram sendo transformados em reivindicações das organizações laborais de resistência.

Após quatro décadas da Proclamação da República, o grau de movimentação laboral nas principais cidades revelava a natureza contestatória e reformista de parcela dos políticos tradicionais. Por isso, a frase atribuída ao governador de Minas Gerais, Antônio Carlos de Andrada, em 1930, "Façamos a revolução antes que o povo a faça", parecia se antecipar às pretensões emergentes do mundo do trabalho frente à exclusão social e ao estrangeirismo da República Velha.

Essa situação pareceu diferenciar-se do que ocorreu com a instalação da República, em 1889, quando teve importância a frase de Aristides Lobo inscrita no Diário Popular de São Paulo: "o povo assistiu àquilo bestializado". Ou seja, a expressão do estágio da mobilização popular frente ao grau de exploração capitalista.

Após várias décadas de esvaziamento do poder da União por força do arranjo dos governadores e da alternância de mandatos presidenciais entre latifundiários paulistas e mineiros, a "política do café com leite" estava esgotada.

A grande Depressão de 1929 explicitou a fratura no interior das oligarquias regionais. A insistência da elite agrarista na reprodução do capitalismo primário-exportador, conforme campanha presidencial de Júlio Prestes ao assegurar que a laranja salvaria o café, indicava a mesmice da política conservadora e arcaica da época.

Na realidade, havia uma certa cegueira institucional que impedia de perceber o espaço que a crise internacional oferecia à periferia capitalista para avançar no processo de modernização. Somente com a ascensão dos setores sociais urbanos de classe média (servidores públicos, militares, profissionais liberais) e operária, bem como a própria divisão no interior da oligarquia agrarista dominante, permitiu a instalação do projeto de Brasil urbano e industrial (sobre a Revolução de 1930, ver Mello, 2007; Fausto, 1981; Lima Sobrinho, 1975; Decca, 1981).

Ao mesmo tempo, as 372 organizações laborais de resistência, constituídas no modelo de sindicalismo livre, autônomo e plural na sociedade agrarista da República Velha, foram postas em xeque diante da nova estrutura sindical corporativa instalada com a Revolução de 1930. Com isso, o conjunto de 450 mil operários fabris, em 1930, oito vezes superiores ao ano de 1889, afirmou-se como sujeito social no interior da sociedade urbana e industrial, no formato da unicidade sindical, monopólio de representação por categorias profissionais e base mínima geográfica municipal, descrito a seguir.

Sindicatos corporativos na sociedade urbana e industrial

A passagem para o modo de produção capitalista com o abandono da escravidão (1888) e da monarquia (1889) manteve a dependência da economia nacional em relação ao exterior, devido à determinação das decisões de produção interna atreladas à pauta exportadora-primária aos países de capitalismo avançado. Até a década de 1930, o complexo cafeeiro foi o mais importante da produção nacional, cuja receita gerada pela exportação financiava parte de outras atividades econômicas, como a importação de bens de consumo aos ricos e a produção industrial local de bens de consumo voltada ao abastecimento do contido mercado interno do país.

No setor fabril se localizava o crescente operariado industrial em simultânea expansão das ocupações nos serviços privados e públicos urbanos. Ainda que minoritário em relação ao total dos ocupados no país, o segmento urbano forneceu a base pela qual as contestações sociolaborais ganharam expressões desde a década de 1910, com a greve geral de 1917 e, nos anos seguintes, com a mobilização dos tenentistas e conflitos militares (Revolução em 1924, em São Paulo, e Coluna Prestes de 1924 a 1927).

Além do descontentamento com o liberalismo e os rumos do capitalismo nascente seguirem dependentes do exterior, o impacto interno provocado pela Depressão de 1929 se mostrou decisivo para que ocorresse a maior ruptura institucional desde a Independência Nacional, em 1822. A reformulação foi profundamente antiliberal, capaz de instalar um novo ciclo econômico assentado na industrialização e urbanização provedora da estruturação do mercado de trabalho e da reconfiguração da estrutura de classes sociais no país.

Com a Revolução de 1930, a trajetória anterior das organizações laborais sofreu uma profunda inflexão. No que se refere à sua institucionalidade, por exemplo, destaca-se o papel determinante do Estado na substituição do modelo liberal de organização de trabalhadores, pautado na liberdade e autonomia sindical, pelo novo sistema corporativo de relações e trabalho A versão mais difundida no Brasil sobre a estrutura corporativa tentou associá-la ao fascismo, identificando a legislação de organização sindical à *Carta del Lavoro*. Mas o tema é mais complexo, por integrar a diversidade de corporativismos e as respostas ao liberalismo dominante a partir dessa década em vários países (sobre o assunto, ver ainda Peter, 1985; Segadas Vianna, 1943; Rodrigues, 2009; Biavaschi e Krein, 2006).

Ao mesmo tempo, há uma alteração gradual no conteúdo das entidades sindicais a partir da passagem do longevo e primitivo agrarismo para a sociedade urbana e industrial. Mas a consolidação do operariado industrial como sujeito social se fez diante da primitiva herança social da sociedade agrária e da configuração do mercado nacional de trabalho urbano associado ao rápido e brutal êxodo rural, que deslocou verdadeiras massas de empobrecidos do campo para as cidades.

Durante a industrialização retardatária brasileira, transcorrida entre as décadas 1930 e 1980, o processo de urbanização foi marcado por duas especificidades nacionais. A primeira, relacionada à intensa metropolização da urbanização e que levou à concentração de significativa parcela dos brasileiros em poucas cidades, geralmente não muito distantes da área litorânea do país.

A segunda especificidade culminou com a periferização da urbanização, com a presença crescente da classe trabalhadora situada nas áreas mais distantes e desassistidas do centro das cidades. Diante do intenso êxodo rural, os empobrecidos do campo, ao chegarem às cidades sem qualquer planejamento, foram excluídos do centro das cidades que possuía o que havia de mais avançado em temos de urbanização (moradia, saneamento, eletricidade, vias públicas e calçadas, transporte, entre outras).

Apesar deste contexto extremamente desfavorável à classe trabalhadora urbana, o deslocamento para as cidades, quase sempre submetida a condições de vida rebaixadas em periferias e favelas, representou certa mobilidade ascendente. Isso porque o primitivismo agrário e a prevalência da violência e extração após a abolição escravista impunham condições de vida e trabalho profundamente sub-humano.

Nos países de capitalismo avançado, o processo se mostrou distinto. Em geral, as classes trabalhadoras passaram por transição do campo para a cidade, representada por certa mobilidade descendente, tendo em vista as condições de vida e trabalho menos degradantes impostas pela exploração capitalista no meio urbano.

No caso brasileiro, a ausência de reformas clássicas do capitalismo contemporâneo, como a reestruturação fundiária, resultou na conformação nacional do mercado de trabalho urbano com imenso excedente de mão de obra caracterizado por contida qualificação e escolaridade. No ano de 1960, por exemplo, quase quatro quintos dos ocupados no Brasil não tinham mais de quatro anos de estudos e apenas 1% havia chegado ao ensino superior, garantindo ao operariado industrial particularidades em relação ao conjunto dos trabalhadores.

Talvez por isso a estrutura sindical corporativa instalada desde a década de 1930 pelo movimento tenentista terminou se tornando adaptável às distintas realidades pelas quais avançou o ciclo da industrialização na periferia do capitalismo mundial; inicialmente, nas idas e vindas da implantação do corporativismo frente às resistências advindas do patronato agrarista e dos sindicatos livres, plurais e autônomos em trocar a legislação da República Velha – Decreto n. 1.637 (Brasil, 1907) – pela adotada no governo provisório varguista – Decreto n. 19.770 (Brasil, 1931).

Destaca-se que a nova legislação regulatória na atividade sindical foi implementada quatro meses após a criação do Ministério do Trabalho, Indústria e Comércio e vigorou por quase nove décadas no Brasil (1930-2018). Com isso, as relações entre capital e trabalho, que até 1930 estavam indiretamente subordinadas ao Ministério da Agricultura e assentadas no código civil, adquiriram rapidamente centralidade que, nas palavras de Lindolfo Collor (1890-1942), o primeiro titular do Ministério do Trabalho, Indústria e Comércio, representava ser o próprio Ministério da Revolução de 1930.

Para tanto, a implantação do Estado de concepção positivista implicou revolucionar o antigo Estado mínimo de passado liberal sustentado por velhas oligarquias agraristas. Pela administração pública federal constituída nos anos de 1930, a perspectiva nacional começou a se materializar pelo modelo legal, normativo e burocrático, a organizar as relações sociais no monopólio da representação das forças do trabalho e do capital nos sindicatos corporativos.

O contraste com as principais forças sociais do país, que até então estavam concentradas nos municípios cujo poder local era comandado por denominados coronéis do passado agrário, tornou-se evidente. Assim, os brasileiros viram o antigo modelo descentralizado e patrimonialista, que não conseguiu separar o público do privado, ficar cada vez mais para trás.

No caso da emergência do novo ator social a se estruturar pelo regramento estatal, destacou-se a unicidade sindical representada por única representação dos trabalhadores em uma categoria profissional na mesma região, com o mínimo de 30 membros, sendo de ao menos dois terços constituídos por brasileiros. Além disso, destacam-se as punições ao patronato que impossibilitasse o direito à sindicalização dos empregados, sempre que a organização laboral estivesse autorizada pelo Estado (Ministério do Trabalho).

O modelo rígido e inflexível de organização sindical que passou a vigorar a partir de então se compôs por um dos três elementos centrais da perspectiva de construção da sociedade salarial em consonância com a industrialização e urbanização nacional. Para além da institucionalização sindical com financiamento paraestatal, o sistema corporativo de relações de trabalho contemplou também o conjunto dos direitos sociais e trabalhistas e a própria Justiça do Trabalho, formada por participação tripartite (Estado, patrões e empregados).

Diante da resistência social por parte dos sindicatos livres e, sobretudo, pela oligarquia agrária contida na contrarrevolução paulista de 1932, o código do trabalho terminou sendo implementado em partes. Após 13 anos de legislações sociais e trabalhistas estabelecidas de forma dispersa e fragmentada, com cerca de 15 mil leis parciais e setoriais, surgiu, em 1943, a Consolidação das Leis do Trabalho (CLT) – Decreto-Lei n. 5.452 (Brasil, 1943) –, sistematizando o código do trabalho em pouco mais de 900 artigos.

Nos 20 anos seguintes, a CLT somente atendia aos empregados com carteira assinada do meio urbano devido à oposição que decorria da força política da oligarquia agrarista. Por isso, somente em 1963, com a aprovação do Estatuto do Trabalhador Rural – Lei n. 4.214 (Brasil, 1963), os trabalhadores do campo foram sendo incluídos gradualmente na CLT.

Após 45 anos da implementação da CLT e 24 anos da aprovação do Estatuto do Trabalhador Rural, a Constituição de 1988 (Brasil, 1988) finalmente possibilitou que os direitos sociais e trabalhistas alcançassem o estatuto da universalidade no mercado de trabalho. Mesmo assim, ocupados no mundo do trabalho, não assalariados ou assalariados sem carteira assinada continuaram constituindo a informalidade.

A sociedade salarial seguia a trajetória em pleno movimento de estruturação do mercado de trabalho na perspectiva da cidadania regulada. Isso, contudo, começou a ruir com o ingresso passivo e subordinado do Brasil na globalização nos anos de 1990.

Com a dominância do neoliberalismo revelada pelas eleições presidenciais de 1989, o sistema corporativo de relações de trabalho implantado há seis décadas passou a ser desmontado inicialmente pelo neto de Lindolfo Collor. Mesmo com a resistência inconteste nas três décadas seguintes, o regime neoliberal favoreceu a perspectiva do contratualismo nas relações de trabalho, quando o assalariamento e a sua formalização eram enfraquecidos concomitante à queda relativa do operariado industrial diante da desindustrialização.

Nesse aspecto, o sindicalismo corporativo pode ser associado ao movimento geral de redução no grau de heterogeneidade do mundo do trabalho decorrente dos avanços na sociedade urbana e industrial. Com ela, a estruturação do mercado de trabalho em dimensão nacional convergiu com o assalariamento e a formalização das relações de trabalho, o que contribuiu para reduzir desigualdades entre o conjunto dos trabalhadores e a evolução do operariado industrial.

Antes do projeto de industrialização instalado a partir da década de 1930, a presença de antigos núcleos operários, inclusive com a importante participação de imigrantes europeus, estava atrelada ao sindicalismo plural e ideológico situado nas poucas cidades com alguma indústria. O descompasso da realidade urbana, ainda minoritária em relação ao conjunto da população rural, concedeu aos sindicatos, durante o capitalismo nascente no Brasil, a condição minoritária, ainda que rebelde.

Em geral, eram ações classistas e com táticas laborais agressivas em oposição ao tradicionalismo da atuação das organizações mutualistas em defesa quase exclusivista dos trabalhadores qualificados. Pela ausência da universalização do voto aos trabalhadores, a articulação com partidos de alguma base operária era lenta, apontando o sentido minoritário e quase elitista da luta sindical em pleno liberalismo da sociedade agrarista até a década de 1930.

A violência do Estado liberal às sociedades laborais de resistência no começo do século XIX era compatível com as condições de trabalho associadas à semiescravidão perseguidas pelo autoritarismo do patronato em ascensão. Com a dominância do anarcossindicalismo distante da defesa de políticas públicas e sua radicalidade frente ao patronato, a questão social continuou a ser tratada, mesmo quatro décadas após a abolição da escravidão, como caso de polícia.

No Brasil, submetido à modernização capitalista entre 1930 e 1980, as reformas do capitalismo contemporâneo teimaram em não acontecer – de certa forma, repetindo a influência dos poderosos do campo e, cada vez mais, das cidades.

Assim como os abolicionistas nos anos de 1880, os tenentistas na década de 1930 também defenderam a democratização da propriedade fundiária, o avanço da tributação sobre ricos e a ampliação das políticas de bem-estar social. Sem isso, o que se viu foi o avanço da modernização selvagem do capitalismo, conservador dos interesses dominantes do passado.

A transição para a sociedade urbana e industrial implicou deslocar rapidamente a imensa população do campo para as cidades. Com isso, ocorreu a formação de grandiosa massa de mão de obra excedente às necessidades capitalistas, tornando a competição no interior do mercado de trabalho extremamente desfavorável aos trabalhadores.

Nesta situação, o sindicalismo corporativista, incorporado pelo projeto de sociedade salarial integradora da perspectiva da cidadania regulada, dependia da legislação social e trabalhista para se expandir. No capitalismo tardio e periférico, a invenção do trabalhismo na década de 1930 se mostrou compatível com a utopia do trabalho assalariado e regulado pelo Estado compatível com a ascensão do operariado industrial.

O presságio de Getúlio Vargas, explicitado no ano de sua morte, em 1954, terminou se fazendo realidade, de certa forma, quase meio século depois, com a chegada de um ex-operário à condição de presidente da república, eleito pelo voto popular no Partido dos Trabalhadores, em 2002 (mais detalhes em Gomes, 2005; Cardoso, 2015; Pochmann, 1998). No seu discurso de 1º de maio de 1954, no Rio de Janeiro, o presidente Vargas tratou da invenção do trabalhismo, afirmando aos trabalhadores: "Como cidadãos, a vossa vontade pesará nas urnas. Como classe, podeis imprimir ao vosso sufrágio a força decisória do número. Construís a maioria. Hoje estais com o governo. Amanhã sereis o governo" (Vargas, 1969, p. 473).

Nas duas experiências democráticas pelas quais o Brasil passou, rompidas coincidentemente por golpes de Estado, o operariado industrial se fez presente. Seja por crescentes mobilizações sindicais, seja pela participação na organização partidária, a estrutura corporativa permitiu que o operariado industrial atuasse como sujeito social relevante, inclusive com efetividade em governos da presidência da República.

Na primeira experiência democrática transcorrida entre 1945 e 1964, somente interrompida pelo golpe civil-militar de 1964, a estrutura sindical corporativa projetou a mobilização sindical ainda de base regional. Pelo crescimento da sindicalização e da quantidade de greves, o conjunto dos trabalhadores obteve conquistas significativas em termos de ampliação dos direitos sociais e trabalhistas.

Ao mesmo tempo, a montagem do Partido Trabalhista Brasileiro (PTB), em 1945, indicou, frente à condição de ilegalidade imposta ao Partido Comunista Brasileiro (PCB) desde 1947, inédita expansão parlamentar, com intensa presença nas direções dos poderes executivos municipal, estadual e federal. Naquele período democrático, que durou 19 anos incompletos (1945-1964), o PTB teve a oportunidade de exercer, por duas vezes, a presidência da República, que somaram quase oito anos de governos diante do suicídio de Getúlio e a retirada de Jango pelo golpe de 1964, acontecimentos ocorridos no penúltimo ano de cada um dos dois mandatos.

O primeiro governo do PTB se deu com Getúlio Vargas entre os anos de 1951 e 1954, enquanto o segundo transcorreu com João Goulart entre 1961 e 1964. Para, além disso, o PTB também ganhou as eleições para vice-presidência da República em duas oportunidades, ambas lideradas por João Goulart (Jango) nas vitórias dos presidentes Juscelino Kubitschek (JK), em 1955, e de Jânio Quadros, em 1960.

Na ditadura civil-militar implantada em 1964 e que perdurou 21 anos, os partidos políticos foram extintos e as eleições para governador e presidente da República, suspensas. Diante da prisão de lideranças operárias e do amordaçamento das lutas dos trabalhadores, a atuação dos sindicatos foi fortemente constrangida, o que se refletiu no refluxo da sindicalização e das greves, embora a estrutura corporativa permanecesse relativamente intacta e a classe trabalhadora tenha se expandido pelo vigor da industrialização pesada.

Com a transição para democracia no início dos anos de 1980, o operariado industrial se constituiu ainda mais protagonista, fundamental para o próprio abandono do período autoritário. Naquela época, o auge alcançado pelo sindicalismo corporativo se expressou pelo crescimento significativo da taxa de filiação e das jornadas de paralisações laborais em âmbito local, regional e nacional, sem paralelo até então.

Ao mesmo tempo, a estrutura corporativa também se mostrou compatível com o impulso do novo sindicalismo. Pode-se destacar também o desenvolvimento das organizações da cúpula sindical, com a expansão das centrais que buscaram convergir para a diminuição no grau fragmentado das ações setoriais e de categorias de trabalhadores.

De certa forma, trata-se de uma retomada da experiência sindical, vislumbrada desde a segunda metade dos anos de 1940, de perseguir, sem sucesso, a formação de organizações de cúpula na estrutura corporativa. Chama a atenção, por exemplo, a criação da Confederação dos Trabalhadores do Brasil (CTB) entre 1946 e 1947, do Pacto de Unidade Intersindical (PUI) em São Paulo, do Pacto de Unidade de Ação (PUA) no Rio de Janeiro e da Comissão Permanente das Organizações Sindicais (CPOS) no Distrito Federal entre 1953 e 1958, bem como do Comando Geral dos Trabalhadores (CGT), de 1962 a 1964 (mais detalhes em Delgado, 1986; Boito, 1991a; Maranhão, 1979).

Além disso, instituiu-se a prática crescente da negociação coletiva de trabalho: no ano de 1991, por exemplo, a cada dez sindicatos, mais de cinco realizaram negociações que estabeleceram acordo ou convenção coletiva de trabalho, enquanto em 1978, somente 20% das entidades sindicais existentes efetuaram alguma forma de negociação coletiva de trabalho (sobre o assunto, ver Córdova, 1985; Pochmann, 1996; Almeida, 1975; Boito Jr., 1991b).

Além da mobilização sindical, com maior filiação, greves e negociações coletivas a vocalizar melhor o conjunto dos interesses do operariado industrial, assistiu-se também à sua maior expressão política. De um lado, a presença da representação do sujeito social principal dos trabalhadores na formulação de políticas públicas e participação em fóruns setoriais e ações no parlamento.

De outro, a organização, em partidos políticos, propriamente dita, retomando, em certo sentido, a experiência verificada no período democrático anterior (1945-1964). Isso se materializou nos partidos, tanto os que ressurgiram com a abertura democrática do início dos anos de 1980 (PCB, PCdoB, PTB e PDT), quanto os que se apresentaram como novidade organizativa (PT e PSol).

Mas foi pelo Partido dos Trabalhadores (PT) que a presidência da República foi exercida por quatro vitoriosas eleições seguidas – pelo ex-operário Luiz Inácio Lula da Silva, em 2002 e 2006, e pela ex-presa política na ditadura civil-militar, Dilma Rousseff, em 2010 e 2014. A dominância eleitoral do PT somente foi interrompida de forma brusca, novamente, por golpe de Estado em 2016.

De tudo isso, pode-se concluir que o sistema de relações de trabalho instalado na década de 1930 manteve-se como expressão do operariado industrial como sujeito social. Tendo por características principais a fragmentação e a descentralização sindical e, por vezes, a burocratização e assistencialismo, a estrutura corporativa de representação de interesses contemplou pelo menos três distintos padrões de sindicalismo.

O primeiro padrão vigente até o início dos anos de 1960 revelou a conformação do conjunto de organizações laborais voltadas ao meio urbano de grandes cidades e apoiadas na cultura dos dissídios trabalhistas, contida filiação e baixa intensidade grevista. O segundo compreendeu o período de auge do sindicalismo durante as décadas de 1970 e 1980, com ênfase na centralização das organizações sindicais de cúpula, negociações coletivas de trabalho e maior filiação e greves de trabalhadores urbanos e rurais.

Por fim, o terceiro padrão de sindicalismo é o que se encontra em curso desde os anos de 1990. Em meio à desindustrialização que fez declinar o operariado industrial, ocorreu simultaneamente a contenção da taxa de filiação e greves, bem como a fragmentação das organizações laborais acompanhada pela maior pluralidade na cúpula sindical.

Industrialização restringida e a expansão do sindicalismo corporativo nos grandes centros urbanos

Um novo momento histórico para o movimento operário se estabeleceu a partir da Revolução de 1930, com a instalação da estrutura corporativa que integrou novas relações de trabalho ao Estado. A imediata criação do Ministério do Trabalho, em novembro de 1930, e da Lei da Sindicalização, em março de 1931, que estabeleceu a organização por categoria profissional em vez de ramos de atividade econômica, retirou a pluralidade, liberdade e autonomia das sociedades de resistência até então existentes no liberalismo da República Velha.

Diante da oposição das organizações laborais existentes, o sindicalismo corporativo avançou embalado pela implementação, desde 1932, de uma diversidade de legislações sociais e trabalhistas defendidas sem sucesso anterior, como a aposentadoria, as 8h de trabalho, entre outras.

No ano de 1943, em pleno autoritarismo do Estado Novo (1937-1945), o acúmulo das legislações implementadas até então foi transformado no primeiro código do trabalho, denominado Consolidação das Leis do Trabalho (CLT). Embora tenha contribuído para o enraizamento do sindicalismo corporativo, promovido pelo Estado após 1930, percebe-se que somente a forma autoritária permitiu instalar, em definitivo, o sistema corporativo de relações de trabalho no Brasil.

Nesse sentido, as repressões em 1935 e, sobretudo, entre 1937-1945, durante o Estado Novo, assentaram o sindicalismo corporativo, sem volta ao passado. Nos dois períodos democráticos posteriores (1945-1964 e 1985-2016), a estrutura corporativa se manteve, com poucas alterações.

O que se verificou, contudo, foi o reforço do próprio sindicalismo corporativo. O financiamento sindical obrigatório, estabelecido em 1939, por exemplo, vigorou por 78 anos. Por estar voltado somente às entidades sindicais de empregados de empresas privadas urbanas, assistiram-se a três distintos movimentos de inclusão à estrutura social corporativa.

No início dos anos de 1960, ocorre a pressão de lideranças rurais em torno do Estatuto do Trabalhador Rural (Brasil, 1963) para permitir a criação dos sindicatos no campo contendo o financiamento obrigatório. Quase três décadas depois, foi a vez dos servidores públicos que, com a Constituição de 1988, puderam se sindicalizar e reivindicar o financiamento obrigatório.

Por fim, na década de 2010, ocorre a legalização das centrais sindicais, que desde 2007 passou a contar com o financiamento obrigatório. Tudo isso, contudo, deixou de existir a partir de 2017, com a aprovação neoliberal da reforma trabalhista.

A profunda mudança na composição da classe trabalhadora, com a passagem para a sociedade urbana e industrial desde a década de 1930, não retirou do operariado industrial a condição de principal sujeito social. Ao contrário, com o movimento de industrialização e urbanização, a classe trabalhadora se expandiu notadamente, fortalecendo ainda mais o operariado industrial.

Com a imigração externa desde a década de 1930, o mercado de trabalho se tornou nacional e se estruturou cada vez mais. Assim, levas de trabalhadores provenientes do meio rural passaram a ser incorporadas ao projeto de sociedade salarial, com perspectiva de cidadania regulada por acesso aos direitos sociais e trabalhistas.

A industrialização, ainda que tardiamente implantada no Brasil, produziu efeitos notáveis para os trabalhadores em termos de país da periferia do capitalismo mundial. As consequências para o operariado industrial se traduziram no formato da representação de interesses estabelecido pelo sistema corporativo de relações do trabalho, sobretudo urbano.

Nesse sentido, as décadas de 1930 e 1960 se mostraram fundamentais para instalar e consolidar as novas organizações laborais, que operavam diferentemente do modelo plural e de liberdade no sindicalismo de resistência vigente no capitalismo nascente. Com o avanço da urbanização, estimulada pela industrialização restringida até a metade da década de 1950, o sindicalismo corporativo se manteve circunscrito às principais cidades do país.

No ano de 1960, por exemplo, a taxa de sindicalização era de 12% da força de trabalho urbana, o que correspondia a cerca de 1,256 milhão de trabalhadores distribuídos em 2.128 sindicatos. Duas décadas antes, em 1940, a filiação alcançava 8% da ocupação urbana, correspondendo a 403 mil trabalhadores distribuídos em 1.208 entidades sindicais.

A industrialização e a urbanização, apesar de restringidas pela ausência do setor de bens de capital e pela dependência das exportações, sobretudo de café, para manter ativa a importação complementar de máquinas e equipamentos da segunda revolução industrial, ampliaram a classe trabalhadora. Entre os anos de 1940 e 1960, por exemplo, a força de trabalho urbana foi multiplicada por 2,1 vezes, enquanto o número de filiados aumentou 3,1 vezes, com crescimento de 50% na taxa de sindicalização dos ocupados urbanos.

Com a aceleração da migração campo-cidade, os problemas da urbanização tornaram-se cada vez mais importantes na agenda dos trabalhadores. A elevação do custo de vida diante dos preços de alimentos e moradia, bem como a limitação dos serviços públicos no transporte, eletricidade e água assumiram centralidade em relação à evolução contida dos salários.

Gráfico 3: Evolução do índice dos dissídios coletivos julgados pela Justiça do Trabalho em relação aos empregos formais (%)

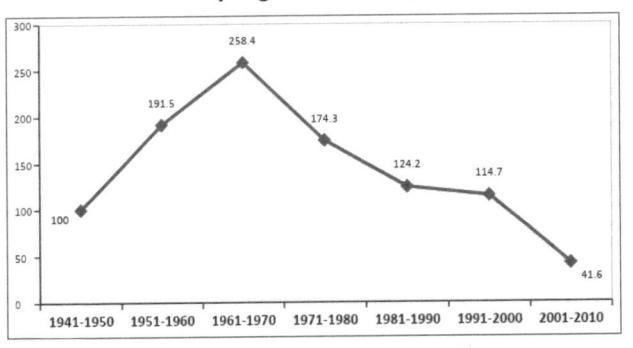

1941-1950	1951-1960	1961-1970	1971-1980	1981-1990	1991-2000	2001-2010
100	191.5	258.4	174.3	124.2	114.7	41.6

Fonte: TST e IBGE (elaboração própria)

Tendo em vista o predomínio dos salários de base na estrutura ocupacional urbana, o valor do salário-mínimo introduzido em 1940 se mostrou fundamental na determinação das rendas dos trabalhadores urbanos. Após a consolidação da estrutura sindical corporativa no Estado Novo, em plena Segunda Guerra Mundial, as organizações dos trabalhadores foram se firmando com o crescimento das mobilizações e greves desde a transição para a democracia, em 1945.

A presença do operariado industrial no total dos ocupados (urbano e rural) saltou de 12,7% para 16,4% entre 1940 e 1960, sendo somente no meio urbano respondido por quase 40% dos trabalhadores desde 1940 (Gráfico 1, p. 63). Apesar disso, o emprego da mão de obra no país ainda se encontrava associada às pequenas empresas, cuja resistência patronal ao reconhecimento da atuação sindical obstaculizou a prática de acordo e convenção coletiva de trabalho.

Assim, a cultura do dissídio trabalhista, intrínseca ao primeiro padrão do sindicalismo corporativista, predominou até a década de 1960 nas relações urbanas de trabalho. Em conformidade com a evolução dos dissídios coletivos processados pela Justiça do Trabalho, pode-se notar a sua crescente presença na solução de conflitos e definição do regramento na relação capital-trabalho revelou o vazio da negociação coletiva, em geral, negada pelo patronato.

É importante lembrar que a Justiça do Trabalho foi implementada em 1934 no Brasil. Inicialmente à margem do Poder Judiciário, terminou sendo incorporada a esse pela Constituição de 1946. Sua história remonta ainda à criação do Conselho Nacional do Trabalho, em 1923, e à trajetória agregativa de leis e regulamentações sobre relações de trabalho, sobretudo urbanas. Além do surgimento da Justiça do Trabalho, a instalação da Consolidação das

Leis do Trabalho, em 1943, foi fundamental para a solidificação do direito do trabalho no Brasil (mais detalhes em Biavaschi, 2007; Delgado, 2006; Maior, 2000). Porém, com o autoritarismo estabelecido pela ditadura civil-militar em 1964, a Justiça do Trabalho perdeu a autonomia, assim como os sindicatos mais atuantes sofreram intervenção, com dirigentes sindicais aprisionados. Na realidade, a política salarial de arrocho predominante por três décadas (1964 a 1994) instalou a indexação salarial que, atrelada ao aprisionamento de sindicatos e à Justiça do Trabalho, imobilizou as relações de trabalho.

Antes do golpe de 1964, a maior participação das massas populares urbanas no processo político fortaleceu o PTB, com o PCB mantido na ilegalidade. Nesta circunstância, também cresceu a influência da luta dos trabalhadores rurais.

Por um lado, avançava o conjunto de mobilizações do operariado nos principais centros urbanos do país. Em São Paulo, por exemplo, a greve de grande magnitude ocorrida em 1953, a dos 300 mil, se deu por força inicial de metalúrgicos e têxteis, estendendo-se para vidreiros, gráficos, marceneiros, entre outros, em várias cidades do estado, sendo a maior paralisação após a greve geral de 1917.

Por outro, ocorreu a ampliação das lutas dos trabalhadores no campo em curso desde a década de 1950. Com as Ligas Camponesas no Nordeste e o Movimento dos Agricultores Sem Terra (Master) na Região Sul do país, emergiam as lutas em torno da reforma agrária e a demanda pelo acesso aos direitos sociais e trabalhistas estabelecidos pela CLT, por meio da integração do trabalho no campo à estrutura sindical corporativa.

Em 1955, por exemplo, surgiu a primeira Liga Camponesa, logo após a instalação da União dos Trabalhadores Agrícolas do Brasil (Ultab). Sete anos depois, em 1962, os sindicatos rurais foram legalizados por ato do presidente João Goulart e, em 1963, dois decênios após a implantação da Consolidação das Leis do Trabalho (CLT) pelo Estado Novo, foi aprovado o Estatuto do Trabalhador Rural, no período democrático, projeto de lei do deputado federal originário do PTB, Fernando Ferrari.

O padrão de sindicalismo até a década de 1960 indicava a consolidação do sistema corporativo de relações de trabalho no Brasil. Ao mesmo tempo em que o sindicalismo se fortalecia com a expansão da urbanização e industrialização, os trabalhadores rurais, ainda em maior parcela no conjunto dos ocupados, passavam a se organizar e lutar em articulação com a atuação do PTB.

A expansão e integração do operariado à sociedade industrial em crescimento concederam identidade e pertencimento ao sujeito social urbano. Assim como no meio rural, a mobilização dos trabalhadores rurais era atraída, desde os anos de 1950, pela estrutura sindical corporativista (mais detalhes em Almeida, 1984; Rodrigues, 1995; Rodrigues, 1970; Rodrigues, 1968). Assistiu-se, entre as décadas de 1930 e 1950, à consolidação dos sindicatos gerais no interior da estrutura corporativa.

Concluiu-se, assim, a passagem das antigas entidades laborais de resistência ao capitalismo nascente na sociedade agrária desde o final do século XIX. Na industrialização restringida, a aceleração da urbanização com o significativo êxodo rural tornou as ações sindicais mais focadas nos problemas do cotidiano da vida política e social dos trabalhadores, com empresários resistentes à negociação coletiva e uma atuante Justiça do Trabalho.

Com o êxito do Plano de Metas do governo Juscelino Kubitschek (1956-1961), a industrialização deixou de ser limitada, fundamentando a base do novo sindicalismo. Com o predomínio das grandes empresas privadas e estatais, proliferam as práticas da negociação coletiva, da sindicalização e das greves que consolidarão o auge da estrutura corporativista três décadas depois.

Não fosse o golpe de Estado em 1964, cujo autoritarismo engessou as relações de trabalho e conteve a atuação sindical, o soerguimento das lutas do operariado industrial teria sido muito mais expressivo na transformação do Brasil. Com isso, o auge do sindicalismo corporativo desloca-se para os anos de 1970 e 1980, com a ampliação da sindicalização, greves convergentes com a prática da negociação coletiva e distanciamento da cultura do dissídio, conforme tratado a seguir.

Industrialização pesada e o auge nacional do sindicalismo corporativo

A década de 1960 anunciou o segundo padrão de sindicalismo em plena expansão da estrutura corporativa de relações de trabalho. Ademais, ao incorporar os ocupados do campo pela legalização dos sindicatos rurais e pelo acesso aos direitos sociais da CLT, o sindicalismo urbano agigantava-se.

No ano de 1963, por exemplo, a greve dos 700 mil, liderada por metalúrgicos, têxteis, gráficos, químicos, papeleiros e sapateiros, entre outros, pressionou os patrões de forma diferenciada. Com isso, no estado de São Paulo, a federação patronal do operariado industrial foi conclamada a abrir negociação coletiva a respeito da pauta de reivindicações apresentadas, inclusive, com a unificação das datas-bases.

A sinalização da existência de um sindicalismo de vanguarda na marcha renovadora do operariado industrial emergente da grande empresa privada e estatal começou a se sobrepor aos ocupados da industrialização restringida e contida pelo patronato de pequena empresa. Mesmo sem que a retaguarda das massas operárias estivesse ainda completa, o polo metal-mecânico do ABC paulista expunha o seu fortalecimento e diferenciação à estrutura sindical corporativa (Rodrigues, 1970; Vianna, 1977; Almeida, 1975).

No ano de 1968, em plena ditadura civil-militar, as greves em dois polos industriais recentes, como Osasco, em São Paulo, e Contagem, em Minas Gerais, anunciaram as bases do novo sindicalismo compatível com a vigência da estrutura corporativa. Dez anos depois, com o avanço da urbanização e da industrialização pesada, a explosão do novo sindicalismo explicitou a força das lutas de massas em torno de reivindicações coletivas originárias do chão de fábrica da grande empresa por todo o país (sobre o assunto, ver Galetti, 1985; Weffort, 1972; Moisés, 1982; Humphrey, 1980).

O golpe de Estado em 1964 não apenas havia retirado o presidente da República democraticamente eleito, colocando na ilegalidade o PTB, que se apresentava como o partido político de expressão das forças do trabalho, mas também havia dissolvido a democracia em construção. Atacou diretamente a autêntica liderança laboral, com a cassação de 84 dirigentes, com o fechamento de 90% das entidades rurais criadas na legalização de Jango, em 1962, e com a intervenção em 428 entidades sindicais urbanas, sendo 383 sindicatos (18% do total), 45 federações (42% do total) e quatro confederações (67% do total).

Apesar disso, a estrutura corporativa das relações de trabalho se manteve preservada, mostrando-se compatível com 21 anos de ditadura – o que não significou ausência de medidas autoritárias, como a mordaça imposta à ação sindical, o policiamento das direções laborais, a asfixia da Justiça do Trabalho, a rotatividade no emprego imposto pelo FGTS, que substituiu o Instituto da Estabilidade criado em 1923, a política de arrocho salarial e a redução das greves a 10% do que se registrava até 1964.

Para evitar a queda ainda mais significativa dos filiados, a direção do sindicalismo urbano avançou nas ações assistencialistas e burocratizantes. No meio rural, a ditadura aprovou o avanço da estrutura corporativa dos sindicatos a operacionalizar a previdência e assistência social aos trabalhadores do campo (Funrural), o que permitiu agregar apoio político ao regime ditatorial.

Após a desaceleração econômica na primeira metade da década de 1960, a industrialização ganhou novo fôlego expansionista, com a urbanização se generalizando e ampliando o padrão moderno de consumo dos bens industriais. A consolidação da sociedade de massas consagrou, particularmente nos principais centros urbanos, o despreparo para incorporar decentemente o enorme contingente de trabalhadores deslocados pelo êxodo rural.

Com isso, ocorreu a conformação do enorme depósito de moradias humanas empilhadas nas favelas ou nas regiões periféricas, cuja condição de vida e trabalho era por demais rebaixada e cada vez mais distante das áreas centrais e dos empregos gerados, uma espécie de circuito inferior da economia para a reprodução de grandes massas urbanas situadas em ocupações informais e funcionais à expansão capitalista profundamente desigual.

Em pleno "milagre econômico", conforme denominado pela ditadura civil-militar, enclaves de riqueza proliferavam em mar de pobreza urbana. Nesse ambiente explosivo, o autoritarismo vigente busca inibir, pela força da repressão e violência, as tentativas de mobilização sindical, muitas, inclusive, de natureza espontânea frente à prática de interventores na direção dos sindicatos e à ampla ascensão do peleguismo sindical.

Até que, a partir da segunda metade da década de 1970, novos personagens entraram em cena e começaram a ganhar mais força política em reação à exploração capitalista desenfreada e à mordaça autoritária do regime. Instalou-se, assim, o auge do operariado industrial como sujeito social, cujo impacto no sindicalismo corporativista se mostrou pronunciado frente às mobilizações autônomas e independentes, capturadas por oposições sindicais e por lutas contrárias à intervenção e em favor da liberdade e autonomia das organizações sindicais.

Em 1978, por exemplo, havia 4 mil sindicatos com quase 9 milhões de filiados, o que equivalia a mais de sete vezes o número de sindicalizados e a 1,9 vezes a quantidade de sindicatos registrados em 1960. Naquele mesmo ano, a taxa de sindicalização era de 12% e existia, em média, 290 filiados por sindicato, ao passo que, em 1978, a taxa de sindicalização aproximou-se dos 15% e cada sindicato detinha, em média, 2,2 mil filiados, ou seja, 7,7 vezes mais que 18 anos antes.

Onze anos depois, em 1989, a quantidade de sindicalizados era 1,7 vezes superior ao ano de 1978 e 7,1 vezes superior ao ano de 1960. Apesar da criação média anual de 242 sindicatos, o número médio de filiados por entidade sindical saltou para 2,3 mil, o que era 4% superior a 1978 e oito vezes superior a 1960, quando a quantidade de sindicatos no Brasil era um terço inferior à de 1989.

A partir da retomada democrática, a estrutura sindical corporativista comportou importante diversificação no formato da organização dos trabalhadores. Ainda que sob o auge do sujeito social revelado pelo operariado industrial, os sindicatos rurais e os dos servidores públicos ganharam destaques.

Gráfico 4: Brasil – evolução do número de sindicatos de trabalhadores, filiados* e da relação média entre filiados por sindicatos em anos selecionados

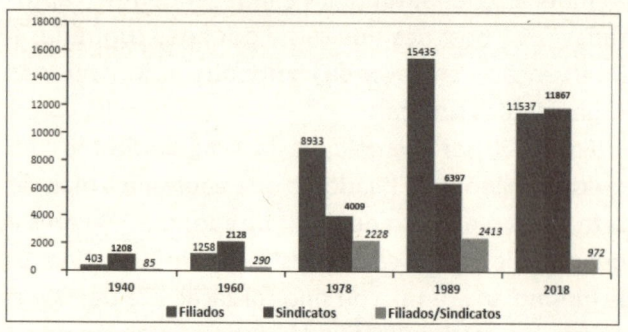

Ano	Filiados	Sindicatos	Filiados/Sindicatos
1940	403	1208	85
1960	1258	2128	290
1978	8933	4009	2228
1989	15435	6397	2413
2018	11537	11867	972

Fonte: IBGE (elaboração própria)
*em mil

Enquanto até 1960 a estrutura sindical corporativa não havia chegado ao campo, o associativismo sindical dos servidores públicos somente foi reconhecido em 1988 pela Constituição Federal. Sem incorporar a pluralidade, a autonomia e a plena liberdade sindical, a estrutura corporativa após 1985 manteve seu eixo estruturador (monopólio da representação, contribuição sindical compulsória, entre outros) afastado dos mecanismos de controle e coerção predominantes nos períodos antidemocráticos.

No ano de 2013, por exemplo, as entidades laborais no setor primário da economia (extrativismo e agropecuária) representavam 34,7% do total de sindicatos no Brasil. Para o mesmo ano, o setor secundário (indústria e construção civil) respondia por 21,4% e o terciário (comércio e serviços públicos e privados) por 43,9% da estrutura sindical corporativa.

Gráfico 5: Brasil – evolução da distribuição dos sindicatos por grandes regiões geográficas, tipo de ocupação e setor de atividade econômica em 1939 e 2013 (em %)

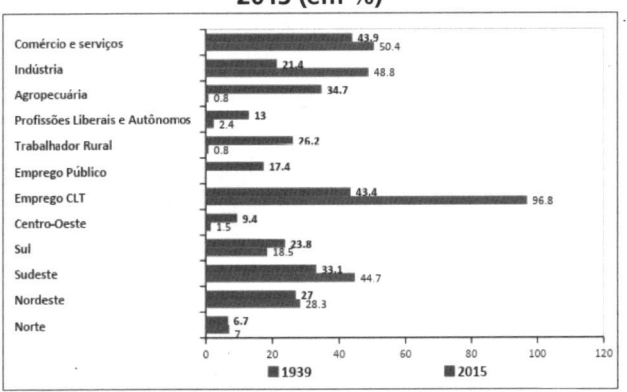

Categoria	1939	2015
Comércio e serviços	43,9	50,4
Indústria	21,4	48,8
Agropecuária	0,8	34,7
Profissões Liberais e Autônomos	2,4	13
Trabalhador Rural	0,8	76,2
Emprego Público		17,4
Emprego CLT	43,4	96,8
Centro-Oeste	1,5	9,4
Sul	18,5	23,8
Sudeste	33,1	44,7
Nordeste	27	28,3
Norte	6,7	7

Fonte: IBGE (elaboração própria)
* em mil

Quase 75 anos antes, a presença do sindicalismo oficial no campo era praticamente inexistente, não obstante concentrar a maior parte dos trabalhadores brasileiros. Assim, a estrutura sindical corporativa dizia respeito aos empregados urbanos, sendo 48,8% dos sindicatos provenientes da indústria e 50,4% do comércio e serviços públicos, uma vez que as associações de serviços públicos não eram ainda legalizadas em 1939.

Nesse sentido, para o ano de 1939, quase 97% dos sindicalizados eram empregados formais, concentrados fundamentalmente em ocupações urbanas. No ano de 2013, a distribuição dos sindicatos era menos concentrada com a presença dos sindicatos no emprego público e de trabalhador rural.

Também em relação à distribuição dos sindicatos por grandes regiões geográficas percebe-se o sentido da desconcentração regional ao longo do tempo. Enquanto as regiões Sudeste, Norte e Nordeste perderam participação relativa no total dos sindicatos brasileiros entre 1939 e 2013, as regiões Centro-Oeste e Sul foram as que mais aumentaram suas posições relativas no conjunto das entidades laborais do país.

A aceleração da industrialização e urbanização, entre as décadas de 1930 e 1980, terminou por integrar as diferentes geografias do país, soldando os laços ocupacionais às regras prevalecentes no mercado nacional de trabalho, ainda que concentrado regionalmente. Nesse sentido, o conjunto das informações sobre os filiados (gráfico 6) permite revelar alterações importantes, especialmente nos anos selecionados de 1955 e 2015.

Gráfico 6: Brasil – evolução do perfil dos sindicalizados por gênero, grandes regiões geográficas e setor de atividade econômica em 1955 e 2015 (%)

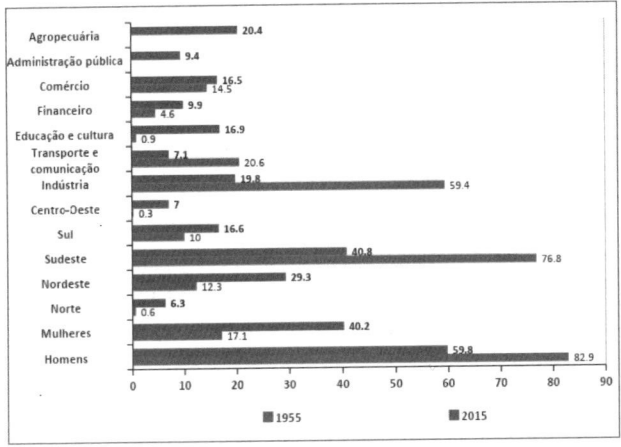

Categoria	1955	2015
Agropecuária		20.4
Administração pública		9.4
Comércio	14.5	16.5
Financeiro	4.6	9.9
Educação e cultura	0.9	16.9
Transporte e comunicação	7.1	20.6
Indústria	19.8	59.4
Centro-Oeste	0.3	7
Sul	10	16.6
Sudeste	76.8	40.8
Nordeste	12.3	29.3
Norte	0.6	6.3
Mulheres	17.1	40.2
Homens	59.8	82.9

Fonte: IBGE (elaboração própria)
* em mil

No caso do conjunto dos filiados, as mulheres, que respondiam por menos de 18% do total de sindicalizados em 1955, aumentaram para acima de 40% a presença no total dos filiados de 2015. Com isso, houve a recomposição masculina na participação relativa dos sindicalizados.

Em seis décadas, o Sudeste foi a única grande região geográfica a perder participação relativa no total de sindicalizados no país. Enquanto o Sudeste perdeu quase 47% de sua participação relativa no conjunto dos filiados entre 1955 e 2015, a Região Sul aumentou em 66%, o Nordeste, em 138,2%, o Norte, em 950% e o Centro-Oeste multiplicou por 23,3 vezes.

Com a legalização dos sindicatos rurais, a partir da década de 1960, e das associações de servidores públicos, no final dos anos de 1980, as filiações aumentaram significativamente. Em 1989, por exemplo, a somatória de trabalhadores rurais e da administração pública correspondeu a quase 30% dos sindicalizados, quando iniciou a trajetória da dessindicalização.

No sentido inverso da incorporação sindical, ocorreu o movimento de queda relativa dos associados nas entidades representativas do operariado industrial em relação ao conjunto dos filiados no país. No ano de 2015, por exemplo, a filiação dos trabalhadores do setor secundário da economia respondeu por menos de 20% do total dos sindicalizados no Brasil, enquanto em 1955 correspondia por quase 60%.

A institucionalização da estrutura sindical corporativa desde a década de 1930 se estabeleceu diante da passagem por dois períodos de tempo dedicados à ausência do regime democrático. As experiências antidemocráticas, inscritas tanto no Estado Novo quanto na ditadura civil-militar, mantiveram o sistema corporativo de relações de trabalho com controle e mordaça nas organizações laborais.

Nas duas transições para a democracia ocorridas após os regimes ditatoriais, as lutas do operariado industrial se mostraram decisivas para que o conjunto dos trabalhadores pudesse constituir o protagonismo sindical no interior da estrutura corporativa ao longo da sociedade urbana e industrial. Assim, ocorreu a ascensão do sindicalismo em plena mudança política democrática na segunda metade dos anos de 1940 e de 1980.

Nas fases democráticas, a plasticidade da estrutura sindical corporativa permitiu que o operariado industrial conseguisse se expressar organizadamente, sobretudo com o abandono das medidas de controle e mordaça impostos durante os governos autoritários. Também se fortaleceu a presença dos trabalhadores organizados em partidos progressistas, especialmente na formatação e pressão por políticas públicas de seus interesses (considerações a respeito em Antunes, 1995; Oliveira, 1994; Sader, 1988; Santana, 1999).

Pela via eleitoral, as siglas partidárias principais de base trabalhadora (PTB e PT) tiveram expressão e atuação destacadas na conformação dos governos da república nos períodos democráticos. Nos anos de 1950 e parte de 1960, por exemplo, há o registro dos presidentes da república vinculados aos trabalhadores, como no caso de Vargas e Goulart, ao passo que nas décadas de 2000 e 2010 são eleitos os governos dos presidentes da república Lula e Dilma.

Além da presença da direção dos sindicatos em partidos políticos, a evolução das entidades de cúpula do sindicalismo corporativo brasileiro teve atuação importante na agenda governamental. Em 1983, por exemplo, surgiu a Central Única dos Trabalhadores (CUT), seguida da criação, em 1985, da União Sindical Independente (USI) e da Central Geral dos Trabalhadores (CGT), em 1986.

Três anos depois, em 1989, emergiu da Central Geral dos Trabalhadores a Confederação Geral dos Trabalhadores, seguida do aparecimento, em 1991, da Força Sindical como parte dos sindicatos que se encontravam na Central Geral dos Trabalhadores. Com isso, ocorreu a generalização da pluralidade na cúpula sindical que parecia negar o princípio da crítica à fragmentação sindical imposta pela estrutura corporativa por categoria profissional, e não por ramos de produção.

Desindustrialização e declínio do sindicalismo corporativo

Após quase sete décadas de imperialismo enfraquecido desde a Primeira Guerra Mundial e do sistema interestatal fortalecido ao final do segundo pós-guerra, o capitalismo se reconfigurou na década de 1980. Com a globalização impulsionada pelo reposicionamento hegemônico estadunidense a adotar e exportar o receituário neoliberal, as grandes corporações transnacionais tornaram-se cada vez maiores que países.

Com as cadeias globais de valor, a concentração do capital e a fragmentação dos processos produtivos nos territórios questionaram as fronteiras dos países, pressionando a desregulação dos sistemas nacionais de relações de trabalho. Se o liberalismo havia sido a forma pela qual o capitalismo havia se expandido e dominado o mundo a partir do século XIX, o neoliberalismo se constituiu, no final do século XX, para assumir a gestão do descenso capitalista, com implicações gerais, para as sociedades, e específicas, para o conjunto dos trabalhadores (o debate internacional sobre as organizações é analisado em Waterman, 1998; Munck e Waterman, 1999; Rodrigues, 1999; Mouriaux, 1990; Visser, 1993; Bihr, 1998).

Neste contexto externo de profunda inflexão na trajetória da industrialização brasileira, encontra-se situada a opção dos governos da nação para o ingresso passivo e subordinado na globalização, na década de 1990. Com a estagnação econômica instalada internamente a partir da crise da dívida externa em 1981-1983, o operariado industrial como sujeito social foi afetado, direta e indiretamente, enfraquecendo cada vez mais o sistema corporativo de relações de trabalho.

De um lado, o estancamento no processo de acumulação de capital no país foi acompanhado por decrescente necessidade do emprego de mão de obra, o que ampliou o excedente da força de trabalho. Com isso, a desestruturação do mercado de trabalho na década de 1990 se revelou na presença pronunciada do desemprego aberto e oculto, pela realização de "bicos" de sobrevivência e o desalento na procura por trabalho na simultânea trajetória do desassalariamento e da informalização nos postos de trabalho existentes.

De outro, ocorreu a adoção de políticas neoliberais a perseguir formas flexíveis de uso e remuneração da força de trabalho, cada vez mais adaptáveis à reversão primitiva da acumulação capitalista. Ao se distanciar do curso da revolução tecnológica, o sistema produtivo reprimarizou a pauta de exportações, substituindo parte da produção de bens e serviços de maior valor agregado e intensivo em progresso técnico por importados.

Assim, o sistema corporativo de relações de trabalho passou insistentemente a ser afetado de forma negativa, enfraquecendo-o até aprovação da denominada "reforma trabalhista", em 2017, que enunciou o seu desmonte final. Quase três décadas após alcançar o auge, o sindicalismo corporativista estava derrotado, concomitante com a hegemonia do receituário neoliberal a desconstruir a Justiça do Trabalho e o conjunto dos direitos sociais e trabalhistas.

Em grande parte, o enfraquecimento do sistema corporativo de relações de trabalho no Brasil transcorreu gradualmente, ao ritmo do esvaziamento do operariado industrial como sujeito social. No ano de 1980, antes do começo da desindustrialização nacional, por exemplo, o operariado industrial representava 40% do conjunto da ocupação urbana, 37% de todo o emprego formal e 28% do total da classe trabalhadora do país.

Quatro décadas depois, em 2020, o mesmo operariado industrial respondia por 21% do conjunto da ocupação urbana, 17% de todo o emprego formal e 19% do total da classe trabalhadora do país. Com a desindustrialização, o operariado no setor secundário da economia brasileira acusou a redução de 46,3% em sua participação relativa no conjunto da ocupação urbana, de 53,9% no estoque do emprego formal e de 29,4% no total da classe trabalhadora brasileira.

Mesmo com o comprometimento das bases pelas quais o operariado industrial se constituiu e se movia, não deixou de ter expressão ativa e protagonista no interior da estrutura corporativa das relações de trabalho e nos acontecimentos políticos nacionais de grande envergadura. Com sua força, destacou-se nos processos de lutas internas voltadas à superação da ditadura civil-militar, de reestabelecimento da redemocratização e de aprovação da Constituição de 1988, que descortinou avanços consideráveis ao conjunto dos trabalhadores.

Também foi peça fundamental para o crescimento na participação partidária, sobretudo no PT. De certa forma, permitiu, após 49 anos, cumprir a predestinação de Getúlio Vargas, por meio das vitoriosas eleições de Lula – o metalúrgico e sindicalista que se tornou o primeiro a tomar posse como presidente eleito da República no país – por duas vezes sucessivas.

Por quatro mandatos seguidos, o PT venceu as eleições presidenciais (2002, 2006, 2010 e 2014). A trajetória de participação democrática dos operários industriais nessas eleições somente foi interrompida com o golpe de Estado de 2016, com menos da metade cumprida do segundo governo de Dilma Rousseff (2015-2018).

O sucesso governamental alcançado pelo PT processou-se diante da manutenção do sistema corporativo de relações de trabalho, tal qual fizeram os governos do PTB (Getúlio Vargas e João Goulart) entre os anos de 1950 e 1964. Mas o êxito em termos de melhora na qualidade de vida dos trabalhadores e da elevação no nível de ocupação com formalização dos postos de trabalho não foi acompanhado pelo fortalecimento do sindicalismo corporativo.

Ao contrário, a taxa de filiação não cresceu, tampouco as greves e as negociações coletivas. Simultaneamente, a fragmentação ampliada nas entidades laborais de base e a inclusão das recentes entidades de cúpula da estrutura corporativa constituídas no total da contribuição sindical obrigatória dos ocupados formais, acompanhada de sua maior pluralidade.

Ao mesmo tempo, ocorreu o posicionamento da liderança do sindicalismo corporativista em postos de comando na administração federal, o que constituiu parte da elite dirigente nos governos petistas. Também se destaca a presença de sindicalistas na representação partidária, especialmente parlamentar, que, após o auge nos anos 2000, passou a decrescer, enunciando o enfraquecimento da estrutura corporativa como expressão política nacional. Após eleger 83 dirigentes sindicais como parlamentares em 2010, a eleição de 2014 reduziu para 51 e a de 2018, para 33. No caso específico do PT, que saltou de 32 dirigentes sindicais como parlamentares eleitos, em 1994, para 59, em 2002, passou a decair para apenas 15, em 2018 (sobre a literatura de sindicalistas na política e gestão pública recente, ver Jardim, 2009; D'Araujo, 2009; Rodrigues, 2014).

Apesar da década de 1980 ter sido perdida do ponto de vista econômico, a ascensão do novo sindicalismo e da política na transição democrática, o Brasil parecia destoar do cenário em curso nos países de capitalismo avançado diante da contração do Estado de bem-estar social. As políticas de corte neoliberais que patrocinaram a globalização, sob o comando das grandes corporações transnacionais, encontraram o Brasil engajado na retomada democrática, com a instauração da nova Constituição de 1988 a apontar à construção do Estado de bem-estar social.

Mas isso terminou demonstrando ser apenas atraso temporal. A "Era dos Fernandos" (Collor, 1990-1992, e Cardoso, 1995-2020) se impôs sob a dominância do receituário neoliberal, antecipando a passagem para a sociedade de serviços diante da desindustrialização instalada. Em virtude disso, o grau de liberdade dos governos após o neoliberalismo se contraiu significativamente.

Nas administrações petistas, por exemplo, a margem relativamente reduzida para adoção de políticas plenamente antineoliberais levou à governança de característica pós-neoliberais (mais detalhes em Sader, 2015; Gonzalo e Aguiar, 2019; Sader e Gentile, 2008). Sem capacidade de reverter o sentido da desindustrialização, tratou de estancar onde seria possível, com políticas agressivas em defesa do conteúdo produtivo e do emprego nacional, com inclusão social.

Para o setor produtivo, as medidas reativas definidas por reestruturação e internacionalização empresarial não se apresentaram suficientes para garantir a retomada da dinâmica do crescimento econômico. O deslocamento de plantas industriais no território nacional e a privatização de parte do setor produtivo estatal não evitaram a desestruturação do mercado de trabalho acompanhada do desassalariamento e da informalização laboral.

Ao contrário, o precoce processo aberto da desindustrialização nacional desde os anos de 1990 colocou em xeque o auge da estrutura corporativa das relações de trabalho, sucedido por longo declínio do sindicalismo liderado pelo operariado industrial. A alteração substancial na dinâmica do mundo do trabalho refletiu cada vez mais na redundância da mão de obra.

Frente à demanda cadente de contratos de trabalho pelo capital, as receitas neoliberais se mostraram infrutíferas. A adoção da desregulamentação dos empregos assalariados, o corte nos direitos sociais e trabalhistas e a redução do custo de contratação mantiveram em alta tanto a informalidade como o desemprego aberto e oculto.

Além disso, o aparecimento de diversas formas de reprodução da população sobrante resultou na precarização maior e generalizada das relações e condições de trabalho. Embora geral, esse movimento da degradação laboral atingiu fortemente o operariado industrial.

Neste contexto econômico desfavorável, o sindicalismo procurou reagir. Ao se apoiar em ações corporativas e solidárias, buscou se rearticular aos movimentos sociais e às novas temáticas e formas de organização de gênero, etnia/raça, juventude, entre outras (interpretações acerca da atualidade do sindicalismo podem ser conferidas em Boito Jr., 2000, 2009; Ramalho e Santana, 2003; Araújo e Oliveira, 2011).

Não obstante as práticas centradas na negociação coletiva e na participação institucional, os anos 1990 começaram a registar o enfraquecimento das características em alta até então, com a desfiliação e queda nas greves e contratação coletiva de trabalho. Reascendeu em seu lugar a fragmentação na base da estrutura sindical corporativa, capaz de atingir inclusive a cúpula das organizações laborais.

Após alcançar quase um terço do total dos trabalhadores, a taxa de filiação de 1989, que era duas vezes maior que a do ano de 1978, começou a declinar, até alcançar 13,6% em 2018. Assim, a filiação nesse ano tornou-se menor que a de 1978, com a redução de cerca de 4 milhões de trabalhadores no total de filiados, se comparado com o total de sindicalizados de 1989. Em grande medida, a maior queda da quantidade de filiados e da taxa de sindicalização ocorreu desde 2017, sendo em 2015 a maior quantidade de sindicalizados (18,4 milhões), com a aprovação da reforma trabalhista, que cortou direitos sociais e trabalhistas, enfraqueceu a Justiça do Trabalho e os sindicatos, que perderam inclusive a fonte de financiamento para fiscal (mais detalhes em Krein *et al.*, 2019; Krein, 2018; Campos, 2016; Delgado e Delgado, 2017; Dieese, 2017).

Gráfico 7: Brasil – evolução da taxa de sindicalização por grande região geográfica, escolaridade e tipo de ocupação em 1989 e 2018 (%)

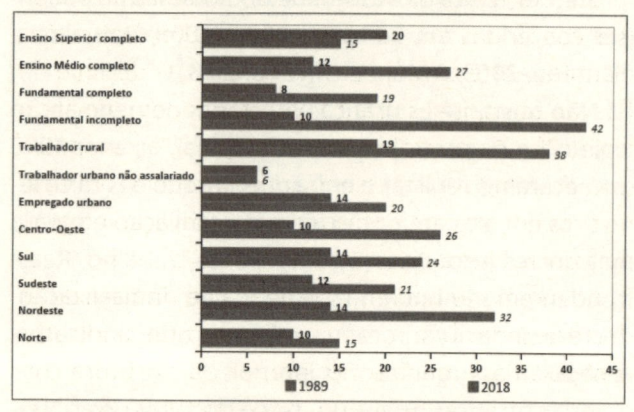

Categoria	1989	2018
Ensino Superior completo	15	20
Ensino Médio completo	12	27
Fundamental completo	8	19
Fundamental incompleto	10	42
Trabalhador rural	19	38
Trabalhador urbano não assalariado	6	6
Empregado urbano	14	20
Centro-Oeste	10	26
Sul	14	24
Sudeste	12	21
Nordeste	14	32
Norte	10	15

Fonte: IBGE (elaboração própria)

Não apenas o rebaixamento na taxa nacional de filiação revelou a força decrescente dos sindicatos corporativistas e a sua capacidade de mobilização junto à sociedade brasileira. Também nas grandes regiões geográficas, por exemplo, a queda na sindicalização expressou importantes desigualdades, sobretudo nas últimas três décadas.

Enquanto o Centro-Oeste se tornou a região do país com queda mais intensa na taxa de sindicalização entre 1989 e 2018 (-61,5%), a Região Norte registrou a menor redução (-33,3%), seguida pelas regiões Sul (-41,7%), Sudeste (-42,9%) e Nordeste (-56,2%). Do ponto de vista da ocupação, a maior diminuição na taxa de sindicalização ocorreu entre os trabalhadores rurais (-50%), acompanhada da queda em 30% no caso dos empregados urbanos no mesmo período.

Em relação à escolaridade dos trabalhadores filiados aos sindicatos, também se percebem situações distintas entre os anos de 1989 e 2018. O declínio na filiação foi mais acentuado para ocupados com até o ensino fundamental incompleto (-76,2%), ao passo que, do conjunto dos trabalhadores, aquele com ensino superior foi o único a apresentar elevação no grau de associativismo (33,3%).

Ao mesmo tempo em que a taxa de sindicalização decresceu nacionalmente, o número de sindicatos continuou a aumentar no interior da estrutura corporativista. No ano de 2018, por exemplo, o Brasil registrou 11,9 mil entidades laborais. Em 1989, eram 6,4 mil organizações sindicais.

Nos 29 anos marcados pelo declínio de 53,3% na taxa de filiação (1989-2018), surgiram 5,5 mil novos sindicatos, representando 190 novas entidades laborais como média anual. O período de 1960 a 1989, os 29 anos de auge da estrutura corporativista, foi caracterizado pela elevação tanto da taxa de filiação (142,5%) quanto da quantidade de novos sindicatos, acumulada em 4,3 mil (147 novos sindicatos por ano, em média).

Para o aumento de 85,5% no número de novos sindicatos, entre 1989 e 2018, a quantidade de filiados decresceu em 25,5%. Com isso, a totalidade dos filiados por sindicato declinou 59,7%, decrescendo de 2.413 sindicalizados, em média, por entidade laboral, em 1989, para 972, em 2018.

Durante o apogeu do sindicalismo corporativista, o número médio de filiados por sindicatos foi multiplicado por 3,9 vezes. Enquanto em 1989 havia em média 2.413 filiados por sindicato, em 1960 a média de sindicalizados por entidade laboral era de 590.

Para além da expansão na quantidade de organizações laborais, a fragmentação da representação na estrutura corporativista se expressou pelo aparecimento e ampliação das entidades de cúpula do sindicalismo. O que havia sido imaginado inicialmente como certo antídoto à pulverização da representação trabalhista na estrutura corporativista, com a implantação da coordenação centralizada por entidades de cúpula sindical, terminou cedendo à própria fragmentação decorrente de sua pluralidade.

Em 1989, por exemplo, eram apenas três centrais sindicais a deter quase um quinto das 6,4 mil entidades laborais como filiadas. Após 29 anos, quase duas dezenas de entidades nacionais se apresentavam como organismo de cúpula do sindicalismo corporativo, absorvendo mais de dois terços do total de 11,9 mil sindicatos existentes como filiados em 2018.

A prevalência da estrutura sindical corporativa foi garantida pelo Estado por meio do monopólio da representação, do enquadramento sindical e do financiamento obrigatório. Apesar da convivência com distintas situações econômicas, sociais e políticas, a atuação do operariado industrial foi compatível com o sindicalismo corporativo em suas diferentes após 1930.

As configurações variadas do operariado industrial responderam às mudanças do processo produtivo e à composição da oferta da mão de obra nacional ao longo do tempo. Nessa instabilidade, a mesma estrutura de representação de interesses corporativista se mostrou adaptável às distintas práticas sindicais que contaram com a garantia de recursos para o seu financiamento e a estabilidade institucional para o seu funcionamento.

Assim, o auge do operariado industrial permitiu o próprio apogeu do sindicalismo corporativo, mais forte quanto mais fortalecida a democratização das relações de trabalho. Constituíram exemplos disso: o salto na representação por local de trabalho, a ampliação dos delegados sindicais, a menor dependência da contribuição sindical obrigatória, a maior negociação coletiva e decrescente dependência da Justiça do Trabalho.

Mas, com a reforma trabalhista instituída em 2017, um ano após o golpe de Estado, a estrutura corporativa – que já vinha sendo enfraquecida há mais tempo – foi marcada de morte. Com o fim do financiamento sindical obrigatório, Além das medidas antilabor, a forma e o funcionamento dos sindicatos corporativos entraram em declínio profundo.

No ano de 2015, por exemplo, o IBGE contabilizou a existência de 273 mil pessoas com cargos de representação sindical, enquanto em 1991 eram 191 mil dirigentes em entidades sindicais de trabalhadores, sendo 166 mil dirigentes e 25 mil delegados com e sem estabilidade ocupacional. Isso sem contabilizar a quantidade de empregados e prestadores de serviços para as entidades sindicais (médico, jornalista, advogado, assessores, formadores e outros) (sobre a estrutura de funcionamento dos sindicatos no Brasil, ver Pochmann, 1996; Cardoso, 1997; Martins, 1989).

Gráfico 8: Brasil – evolução da distribuição dos sindicatos filiados às centrais sindicais* em 1989 e 2018 (em %)

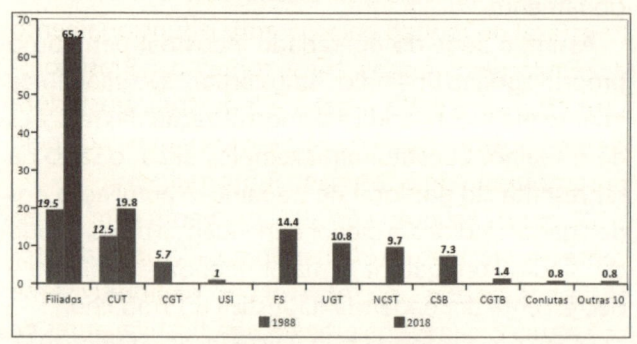

	Filiados	CUT	CGT	USI	FS	UGT	NCST	CSB	CGTB	Conlutas	Outras 10
1988	19.5	12.5									
2018	65.2	19.8	5.7	1	14.4	10.8	9.7	7.3	1.4	0.8	0.8

Fonte: IBGE (elaboração própria)

* Ordem dos Trabalhadores do Brasil (OTB), União Sindical dos Trabalhadores (UST); União Sindical Independente (USI); Central Brasileira Democrática dos Trabalhadores (CBDT); Central Única dos Trabalhadores (CUT); Força Sindical (FS); Central dos Trabalhadores e Trabalhadoras do Brasil (CTB); União Geral de Trabalhadores (Brasil) (UGT); Nova Central Sindical dos Trabalhadores (NCST); Central Geral dos Trabalhadores do Brasil (CGTB); Central dos Sindicatos Brasileiros (CSB); PÚBLICA – Central do Servidor; Central Unificada dos Profissionais Servidores Públicos do Brasil (CUPSPB); INTERSINDICAL - Central da Classe Trabalhadora; Central Sindical e Popular ConLutas (CSP CONLUTAS); Intersindical – Instrumento de Luta e Organização da Classe Trabalhadora; Confederação Operária Brasileira (COB-AIT) e Unidade Classista (UP).

As modificações no funcionamento dos sindicatos tenderam a refletir, em geral, tanto os aspectos estruturais como as ações e as estratégias próprias do Estado, patrões e trabalhadores. Da mesma forma, as diversas mudanças nas forças produtivas no Brasil impactaram a organização do trabalho, expressando, em certo sentido, a dinâmica internacional do capitalismo, sobretudo antes de 1930 e, posteriormente, aos anos de 1990.

O interregno do imperialismo entre as décadas de 1930 e 1970 permitiu o fortalecimento do sistema interestatal no mundo para garantir o funcionamento de regulações nacionais. Nesse contexto, o Brasil constituiu sua sociedade urbana e industrial, portadora de uma pujante classe trabalhadora evidenciada pelo protagonismo do operariado industrial.

Diante da trajetória do assalariamento com a crescente perspectiva da cidadania regulada pelos direitos sociais e trabalhistas, o sindicalismo corporativista se constituiu e ganhou expressão significativa, antes de entrar em declínio. Com a dominância do operariado industrial na condição de sujeito social, o sistema corporativo de relações de trabalho se fez compatível com as mudanças nas forças produtivas e na situação política, econômica e social do país.

A partir da década de 1990, contudo, a inserção passiva e subordinada do Brasil na globalização impôs a inflexão na trajetória constitutiva da sociedade urbana e industrial. A desindustrialização precoce e, por consequência, o enfraquecimento do operariado industrial foi acompanhado do inchamento do setor terciário da economia brasileira.

Neste contexto, a estrutura corporativa sofreu ataques crescentes e foi posta em declínio com a prevalência do receituário neoliberal. A reforma trabalhista de 2017 simbolizou o estrangulamento do sistema corporativo de relações de trabalho, com o desmonte da Justiça do Trabalho, a desconstrução dos direitos sociais e trabalhistas e a inviabilização sindical com o fim da contribuição obrigatória dos trabalhadores.

Diante do desmonte do sindicalismo corporativo tem emergido novos segmentos no interior da classe trabalhadora. Para além da condição de vendedora da força de trabalho, assume evidência a parcela que agrega instrumentos de trabalho, constituindo o contaproprista como um possível sujeito social a substituir o antigo operariado industrial.

Contaproprista como sujeito social do capitalismo na sociedade de serviços

A Rebelião de São Domingos (1791-1804) foi uma das primeiras revoltas exitosas dos trabalhadores no passado ocidental a superar o trabalho forçado, conjuntamente com a independência haitiana. A perspectiva da transformação do trabalho livre em força de trabalho, exposta à venda no mercado no formato de mercadoria, fundamentou o modo e produção capitalista.

Assim, a classe trabalhadora passou a ser configurada no conjunto dos detentores da força de trabalho como mercadoria submetida à contraprestação salarial. No passado, a passagem dos diferentes modos de produção para o sistema capitalista resultou na transformação das antigas estruturas sociais em convergência possível de apenas duas classes sociais fundamentais: os compradores (capitalistas) e os vendedores de força de trabalho (trabalhadores). A respeito da venda e compra de força de trabalho, importante ressaltar que no capitalismo a venda é temporária, por isso materializada, em geral, na forma de um contrato em troca de salário – diferentemente da venda praticamente permanente do trabalhador no regime escravista (mais detalhes em Hicks, 1972; Oppenheimer, 1972).

O aparecimento das sociedades salariais, tradutoras do desenvolvimento da industrialização moderna, confirmou a centralidade da luta de classes entre capitalistas e trabalhadores assalariados, com a constituição das instituições de representação de interesses das classes na sociedade urbana e industrial, que expressou a força dos sindicatos e partidos, entre outras instituições.

Do ponto de vista da classe trabalhadora, as mudanças no processo de acumulação de capital, por impactar as formas de organização do trabalho, estabeleceram, com o passar do tempo, diferentes sujeitos sociais coletivos. Originalmente, o segmento laboral dos artesãos foi alçado à condição de sujeito social, liderando as lutas e a fundamentação do sindicalismo de ofício.

Diante da dominância do regime censitário de democracia, a excluir do voto a classe trabalhadora, o anarcossindicalismo teve relevância até ser superado por diferentes ideologias frente à universalização eleitoral a partir do século XX. Paralelamente, os artesãos e o sindicalismo de ofício ficaram para trás frente ao fortalecimento do operariado industrial, a protagonizar o novo sindicalismo e o surgimento dos partidos políticos progressistas na sociedade urbana e industrial.

No rastro das transformações do capitalismo, inclusive com o salto tecnológico em curso a produzir saldo crescente de força de trabalho excedente, transcorre a concentração das ocupações de contida qualificação, produtividade, salário e consumo laboral. Neste cenário, o assalariamento se esfarela e coloca no tempo despersonalizado a centralidade do trabalho por demanda, sem direitos e base de organização.

Na transição para a sociedade de serviços, quando o trabalho imaterial encontra mais relevância, o operariado industrial perde importância relativa e até absoluta no conjunto das ocupações, sobretudo nos países com forte desindustrialização. Ao mesmo tempo, a flexibilização nas relações de trabalho impulsionadas pelo receituário neoliberal motivou a diversificação da contratação laboral em meio ao crescente universo da força de trabalho sobrante à demanda do capital.

Assiste-se, assim, à emergência de formas intermediárias entre o tradicional trabalhador assalariado e os segmentos do trabalho considerado subalterno (de conta própria à subproletariado), que até então se encontravam secundarizados. Em vez da dinâmica de homogeneização do mercado assalariado centrado na compra e venda de força de trabalho, a polarização do mundo do trabalho torna-se cada vez mais heterogênea.

Nas sociedades industriais do século XX, o mercado de trabalho era geralmente regulado por políticas públicas e ação sindical, com direitos sociais e trabalhistas estendidos a todos que vendiam a sua própria força de trabalho em troca de salário. Em plena transição para a sociedade de serviço, tornou-se comum tanto a escassez dos empregos assalariados como o rebaixamento nas condições e relações de trabalho salarial.

Diante do excedente da mão de obra e da desregulação do mercado de trabalho, combinada pela contenção das políticas sociais e trabalhistas, voltou com força a luta pela sobrevivência face à insuficiência dos rendimentos do trabalho. Nesse contexto, o contaproprista reascendeu no interior da classe trabalhadora por dispor, além de sua força de trabalho, de meios de produção apresentados na forma de instrumental de trabalho, próprio ou alugado.

Neste mundo do trabalho prevalente nas sociedades de serviços, acirraram-se as disputas entre os trabalhadores que somente dispõem da própria força de trabalho para vender e os que agregam à venda de sua força de trabalho o instrumental de trabalho. Assemelha-se, portanto, ao trabalho da prestação de serviços, submetido ao mercado mais amplo, que fundamentalmente ao da compra e venda de força de trabalho, que está voltado ao assalariamento (mercado de trabalho).

Por conta disso, amplia-se o horizonte de organização da classe trabalhadora, estendendo as fronteiras que separavam anteriormente o trabalho assalariado de outros trabalhos de natureza considerada subalterna no capitalismo, sobretudo industrial, para, além da mercantilização do trabalhado assalariado, conta-proprista e subproletariado, as multidões do trabalho socialmente útil exercido nas comunidades, os cuidados nos domicílios, geralmente imposto às mulheres.

Com a separação capitalista entre o trabalho orientado ao mercado e o trabalho doméstico vinculado ao autoconsumo familiar, a divisão sexual do trabalho camuflou por muito tempo as suas conexões mercantis. Por isso, a forma de funcionamento do mercado terminou por esconder também o trabalho não pago às mulheres frente à externalização de atividades domésticas e as diferentes formas de participação sexual e racial na força de trabalho (no tema sobre a problemática da divisão sexual e racial do trabalho, ver Souza-Lobo, 2021; Bruschini, 1990; Vara, 2006; Rodrigues, 2017; Davis, 2016).

O fato de o indivíduo possuir algum instrumento de trabalho próprio ou por empréstimo que poderia se aproximar da definição do meio de produção, mas utilizável fundamentalmente para obter seus meios de vida, não deveria excluí-lo da condição de classe trabalhadora. Mesmo que possa distanciar-se da definição convencional do proletário que somente vende o que dispõe – a sua força de trabalho –, converge na busca pelo meio de vida para sobreviver.

Assim, a diversidade de situações no interior da classe trabalhadora pressupõe conectar as distintas modalidades de trabalho, sobretudo no que se refere às manifestações tanto de autonomia social como de heteronomia institucionalizada.[3] Isso porque, na sociedade capitalista, a heteronomia revelaria as condições sob as quais as massas trabalhadoras sofreriam opressão e privação consolidadas pela ordem e o poder institucionalizado.

Para além da clássica divisão social entre capitalistas e proletários, o conceito da classe trabalhadora pressuporia, se ampliada, a plena sociedade de serviços. Assim, permitiria compreender toda a multidão possuidora de força de trabalho que é posta à venda ou a ser empregada por outra pessoa por imposição econômica ou não econômica, desconsiderando deter ou não os meios de produção identificados como instrumental de trabalho próprio ou alugado (mais detalhes em Castoriadis, 1987; Cohen, 1988).

Também cabe considerar, nesta nova perspectiva da classe trabalhadora, a diversidade do trabalho socialmente útil, não exclusivamente doméstico ou familiar. De certa forma, a constituição da matriz de possibilidades que definem o trabalho a partir do processo produtivo pelo que envolve o trabalho, o objeto sobre o qual é exercido e o instrumento utilizado.

Dessa forma, ocorre a ampliação da clássica relação capitalista entre comprador e vendedor da força de trabalho para a relação de prestador de serviços associados à presença de instrumental de trabalho. Também importa considerar o resultado do trabalho material e imaterial, bem como atividades laborais no âmbito domiciliar ou em outras possibilidades, empregadas à distância do processo imediato de produção (sobre o assunto, ver Graetz, 1991; Wallerstein, 1979; Hall, 1987; Harrod, 1987).

Na sociedade de serviços, a subcontratação de coletivos de trabalhadores pode envolver o trabalho domiciliar, tendo equivalência, muitas vezes, aos meios de trabalho e aos produtos do trabalho. As conexões existentes no interior do heterogêneo mundo do trabalho têm sido impulsionadas no setor terciário das economias capitalistas, deixando de separar, como na sociedade industrial, o trabalho assalariado do trabalho socialmente útil realizado pela subsistência no âmbito domiciliar ou familiar.

De certa forma, a proliferação atual de formas distintas de trabalho, que sucede a tendência de convergência do assalariamento a partir da dominância do mercado de trabalho conduzido pelo processo anterior de industrialização, representa certa volta ao passado. Guardada a devida proporção, a longeva sociedade agrária também apresentava formas intermediárias de labor entre o escravo/servo e o exercício do trabalhador livre, assalariado ou não.

Na perspectiva da sociedade de serviços, o conceito de classe trabalhadora deveria ser ampliado para dar conta da multidão complexa de trabalhos cada vez mais interconectados por tecnologias de informação e comunicação. A mudança na classe do labor pressupõe compreender o aparecimento de problemas novos, pelos quais as estruturas atualmente existentes de representação de interesses dos trabalhadores se tornam arcaicas, ainda mais diante da emergência de novo sujeito social coletivo. No passado da sociedade urbano e industrial, a classe trabalhadora dispunha de uma especialidade diversa de representação, como as associações de moradores e estudantes, sindicatos de empregados, partidos de eleitores, entre outros.

Os sindicatos gerais, ou o novo sindicalismo, constituíram-se a partir da ação da contratação coletiva de natureza economicista, pautada pela elevação do custo do trabalho como forma de melhorar as condições de trabalho e de vida. Outras atividades anteriormente conduzidas pelo sindicalismo de ofício passaram a ser assumidas pelo próprio Estado (formação, valorização profissional, proteção contra os riscos do trabalho, cultura e outras).

No antigo agrarismo, o artesão se estabeleceu, em geral, como sujeito social determinante na convergência da atuação sindical, enquanto na sociedade industrial, o operariado se tornou sujeito histórico centrado no novo sindicalismo. Na atual transição para a sociedade de serviços, o contaproprista emerge como um novo possível sujeito social em busca de inovadoras formas de pertencimento e representação dos seus interesses.

Acontece que, como no passado, o trabalho seguiu sendo central na vida humana. Mas a natureza do conteúdo do trabalho vem sofrendo modificações substanciais.

Na sociedade agrária, por exemplo, o trabalho do artesão concedia identidade coletiva, enquanto o sindicalismo de ofício conseguia estabelecer a base pela qual o pertencimento estava conectado ao processo formativo e à valorização profissional. Por se tratar de atividades econômicas com escassas tecnologias agregadas e contida divisão do trabalho, os ganhos contidos de produtividade tornavam as organizações limitadas e apequenadas à parcela mais elitizada dos trabalhadores.

O exercício de um sindicalismo era aguerrido, porém limitado praticamente ao exclusivismo do ofício, distante da empresa como local de trabalho. Ou seja, associações que agrupavam trabalhadores de maior qualificação expressavam certo elitismo da classe trabalhadora e se constituíam a partir da mesma profissão (sobre sindicatos de ofício, ver Hobsbawm, 1970; Cole, 2019; Lenin, 1979).

No caso do operariado industrial, o trabalho na sociedade urbana e industrial estabelecia a identidade coletiva e a inserção qualificada e diferenciada por meio da especificação laboral. O pertencimento era motivado pelo novo sindicalismo diante das formas de organização e lutas coletivas, tanto pela resistência à exploração quanto pela repartição dos lucros e do fundo público para acessar o padrão de bem-estar.

Para tanto, o novo sindicalismo abandonou a organização por profissão ou por tarefas, conforme o ofício, para agregar a todos os trabalhadores sem qualificação, semiqualificados e qualificados empregados no idêntico ramo de produção. Nesse sentido, ocorreu o estabelecimento de um sindicalismo de massas, não mais de minorias, com conexões políticas, parlamentares e partidárias exitosas na definição de políticas públicas para o conjunto da classe trabalhadora. A presença do novo sindicalismo na política partidária se expressa no exemplo alemão que, na eleição de 1957, registrou a presença de 206 sindicalistas entre os 519 deputados eleitos ao Bundestag (mais detalhes em Crouch, 1994; Hirsh-Weber, 1964; Hobsbawm, 2015).

A partir do final do século XX, contudo, com as mudanças nas relações de trabalho, o novo sindicalismo passou a sofrer importante inflexão. A recomposição da classe trabalhadora, em virtude da reestruturação produtiva, o ingresso de novas tecnologias e o predomínio do receituário neoliberal impactou fortemente a atuação e a representação sindical (sobre o assunto, ver Ferner e Hyman, 1994; Ires, 1992, Crompton, 1996).

Na transição para a sociedade de serviços, o labor do contaproprista – que alia à venda de sua própria força de trabalho o instrumental próprio ou alugado – desconhece, em geral, identidade e pertencimento. Sem isso, as organizações laborais tradicionais perdem sentido ao buscarem operar no mesmo sentido do que prevalecia no passado centrado no funcionamento do mercado de trabalho.

Na realidade, a recente reconfiguração do mundo do trabalho desafia o sindicalismo convencional. As múltiplas formas do labor, sobretudo o imaterial, borram de modo progressivo a formação da identidade no trabalho, embora continue central na vida humana em plena terceira década do século XXI.

Pela exposição atual do crescente excedente de mão de obra às necessidades do capital, as exigências da sobrevivência se impõem aos trabalhadores, que avançam na disponibilização da venda temporária da sua força de trabalho no mercado, contendo ou não a posse de meios de produção (instrumento de trabalho). Isso ocorre diante da ausência de fundo público que possa absorver a massa sobrante de trabalhadores, conforme o Estado de bem-estar social garantiu no passado da sociedade industrial a ocupação pública e renda aos segmentos postos na inatividade (crianças e adolescentes, idosos e deficientes físicos e mentais).

Na perspectiva do liberalismo, a gestão do capitalismo em ascensão, do século XIX à globalização do final do século XX, era compatível com a concessão de direitos sociais e trabalhistas. A partir da década de 1980, contudo, a gestão do capitalismo com a expansão limitada na própria globalização tem sido conduzida pelo neoliberalismo em busca da superexploração do labor e incompatível com direitos sociais e trabalhistas.

Para além das inovações tecnológicas poupadoras de mão de obra, prevalece o curso de modalidades flexíveis, rebaixadas e descomprometidas, de contratação impostas pelo neoliberalismo, que desbancou a centralidade do operariado como sujeito social fundante do novo sindicalismo. Pela diversidade de situações possíveis para o exercício do trabalho, destituído de quase tudo, o labor que resta tem perdido o seu sentido identitário e de pertencimento (também refletem sobre o assunto Antunes, 2018; Reich, 1994; Standing, 2014; Castel, 1998; Sennett, 1999; Gorz, 1998; Boltanski e Chiapello, 1999).

Dispensados pela globalização do capital e pela política do neoliberalismo, o crescente contingente de reserva da mão de obra distancia-se de garantias protetivas do requisito empregatício, associado à insegurança salarial e à ausência de representação sindical e política. Assim, a superpopulação relativa à demanda do capital torna-se flutuante e superexplorada nos mercados de trabalho e de prestação de serviços.

Por conta disso, a natureza do novo sujeito social na sociedade de serviços tem se apresentado de forma ambígua, até mesmo contraditória. Por um lado, a integração à veneração consumista e à perspectiva ideológica do individualismo empreendedor de si próprio a se sustentar sob a ótica da excelência competitiva.

Embora pertencente à condição de classe trabalhadora, o novo sujeito social encontra-se tentado a figurar-se no interior do ilusionismo do caráter burguês – talvez por isso, menos apegado a engajamentos sindicais e políticos, podendo, no limite, validar o distanciamento de regimes democráticos que levem, inclusive, ao espectro político da direita, quando não totalitário, ditatorial.

Na extensão do trabalho imaterial, a disputa gerencial pelo dirigismo da subjetividade da classe trabalhadora de serviços ganha crescente espaço comunicativo, potencializado pelo avanço das tecnologias de informação. Simultaneamente, a perda de referência no reconhecimento social termina por comprometer a saúde mental, ampliando a natureza alienante da condição social dos trabalhadores.

Sem pertencimento social, desacompanhado da presença de coletivos de trabalhadores, cabe a cada um responder inexoravelmente pelas situações de sofrimento e adoecimento. O que se estabelece, por assim dizer, na liturgia do empreendedorismo, é a busca de excelência de si próprio e conquistas, muitas vezes associadas à dependência química no uso de drogas e antidepressivos.

Também se integra à lógica da excelência das respostas individuais as culturas corporais, violentas e religiosas. Na cultura corporal, encontram-se os sentimentos competitivos da aparência e da conscientização da identidade própria, ambos concebidos como mercadoria impostos pelo fortalecimento da individualidade.

Na cultura em que se evidenciam as questões da religiosidade, associa-se à contemplação individualista, geralmente distante do engajamento social que transforme coletivamente a realidade desconfortante – compatível, assim, com o indivíduo desprendido e fiel à fé religiosa a gerenciar na forma de um empreendimento integrado à materialidade mercantil e à subjetividade de conforto espiritual.

Por outro lado, há o reconhecimento de certa inutilidade a se estender à coletividade excedente que luta cotidianamente pela sobrevivência em ambientes de crescentes vulnerabilidades sociais. Diante disso, os sobrantes das novas exigências capitalistas e expostos à deterioração social configuram os desfilados e despertencidos, capturados por experimentações organizativas e tentativas de articulações políticas.

Nestas circunstâncias, de ausência do direito a ter direito, ocupação e emprego se desconectam da suficiência do rendimento, da identidade profissional e da perspectiva da cidadania plena. A solidão e a incompreensão dos fracassos na trajetória laboral têm aberto um conjunto de novas possibilidades de ação coletiva na integração social voltada à construção de saídas que permitam recuperar a consciência e a vida social perdida.

O sentido da insegurança em meio à difusão de diversas situações de sofrimento social emerge da desconfiança própria, de terceiros e, sobretudo, do futuro tenebroso frente à situação de força de trabalho sobrante. Assim, a dor da existência e o medo da perda concreta do pouco que se tem encontram-se na instabilidade de possibilidades do trabalho alienado e submisso à própria superexploração laboral – uma forma de ordem subjetiva, que na destituição de garantia sociais e trabalhistas se reproduz pelo mundo do trabalho assentado tanto na venda da força de trabalho como na disponibilização de instrumentos para a prestação de trabalho. Do Estado que poderia provir o apoio, bem com as medidas sociais e trabalhistas protetivas, quase nada pode ser esperado.

Nestas circunstâncias, portanto, as organizações laborais de representação de interesses existentes perdem a capacidade de exercerem as funções plenas na oferta do pertencimento. Os anseios e desejos da classe de serviços em ascensão parecem seguir desconectados da realidade possível de atuação do novo sindicalismo, fazendo crescer o desalento, angústias e insatisfações.

O crescente descrédito das instituições de representação de interesses da antiga sociedade industrial, como associações, sindicatos e partidos políticos, enuncia suas fragilidades diante da classe de trabalhadores de serviços. No caso brasileiro, as quatro décadas que seguiram ao ano de 1980 foram marcadas pela estagnação da renda *per capita*, desindustrialização e inchamento do setor terciário, fonte maior do refúgio da parcela sobrante da força de trabalho.

Para uma estrutura produtiva assentada na dinâmica da produção de *commodities* agrícolas e minerais para exportação, os serviços se apresentam como atividade hegemônica na acumulação de riquezas. Seus impactos no espaço territorial, produtivo e setorial são inegáveis, especialmente em se tratando da classe trabalhadora brasileira.

Do total de ocupados em 2018, por exemplo, cerca de dois terços moravam na área do próprio empreendimento. Além disso, menos de 24% dos trabalhadores com ocupação encontravam-se alocados no local urbano ou rural estabelecido pelo empregador, 7% exerciam o trabalho em via pública ou por automóvel e 4%, em casa.

No contexto de aceleração das greves a partir da segunda metade da década de 2010, mesmo em pleno decrescimento econômico, percebeu-se o flagrante descompasso entre elas e o decréscimo na filiação sindical. No desmonte recente do sistema corporativo de relações de trabalho, o momento político caracterizado por distintas lutas de base popular aparenta decorrer do curso das mudanças econômicas e sociais no interior da classe de serviços.

A diversidade de grupos que mobiliza segmentos dispersos de trabalhadores distingue-se das organizações tradicionais da sociedade urbana e industrial como associações de moradores e estudantis, sindicatos e partidos. Os coletivos vinculados a temas de identidade sexual, igualdade racial, mulheres, juventudes, aposentados, torcidas de times de futebol, moradores de rua, entre tantos outros, tornam-se cada vez mais ativos e protagonistas de outros movimentos sociais.

No início da terceira década do século XXI, constata-se que o curso atual do processo de lutas sociais e trabalhista está distante daquele ao qual o novo sindicalismo encontrava-se mobilizado no passado. A reinvenção de novo sujeito social em meio à *débâcle* do sistema corporativo das relações de trabalho encontra motivação na longa experiência do neoliberalismo no Brasil.

Assim, novas estratégias de reação sindical se forjam diante da crescente sensibilidade para as demandas dos segmentos de trabalhadores informais e de precarizados que permitem ampliar ações em transição do mercado para o mundo do trabalho. Ao mesmo tempo, há a perspectiva de articulação com os movimentos populares e aceitação das formas organizativas de natureza horizontalizadas.

A centralidade das ações de combate à retirada de direitos e de maior participação social ganha importância mediante a oferta de serviços e de projetos de inclusão dos segmentos tradicionalmente não incorporados ao mercado de trabalho. A própria diversidade na pauta de reivindicações laborais aponta os limites da formação e atuação convencional do sindicalismo corporativista.

De forma sintética, pode-se observar que as principais alterações estruturais ocorridas na produção e ocupação brasileira se mostraram compatíveis tanto com os anos de auge (1960 e 1989) quanto com os de queda das entidades sindicais. De um lado, a ascensão tardia de organizações sindicais dos trabalhadores rurais e do serviço público, somente permitido nas décadas de 1960 e 1980, respectivamente.

No ano de 1989, por exemplo, os trabalhadores rurais representavam quase um quarto do total dos filiados no país, enquanto os seus sindicatos respondiam por mais de 40% do total da estrutura corporativa. Atualmente, quando o setor agropecuário atinge apenas 5% do Produto Interno Bruto (PIB) e

9,1% da ocupação, os trabalhadores rurais representam quase 15% dos filiados dispersos em sindicatos que respondem por cerca de 35% da estrutura corporativa.

Em 1960, quando não era nem 13% da ocupação total, o setor industrial representava um quarto do PIB, sendo que os sindicatos e filiados do operariado industrial constituíam cerca de 60% do total da estrutura corporativa. Ao se aproximar de 35% do PIB e 23% do conjunto da ocupação, os sindicatos e sindicalizados do setor industrial eram menos de um quarto do total, enquanto em 2015 convergiam para um quinto da participação industrial no PIB, ocupação, sindicatos e filiados.

No setor de serviços, ao contrário da agropecuária e indústria, a participação tem sido crescente no tempo, convergindo nos pesos relativos no PIB, ocupação e filiação para mais recentemente representar cerca de 70% do total. Antes disso, os sindicatos dos trabalhadores de serviços tiveram queda relativa, no total da estrutura corporativa, entre os anos de 1960 e 1989, para voltar a crescer entre 1989 e 2015.

Diante disso, a melhor compreensão do mundo do trabalho atualmente movido pelos trabalhadores do setor terciário da economia favorece o enfrentamento de um dos mais importantes gargalos da reorganização sindical. Com o predomínio do trabalho imaterial constitutivo da sociedade de serviços, a subjetividade transformou-se na figura emblemática da própria mobilização social.

Gráfico 9: Brasil – evolução da composição do total da produção, ocupação, sindicato e filiação laboral em 1960, 1989 e 2016 (%)

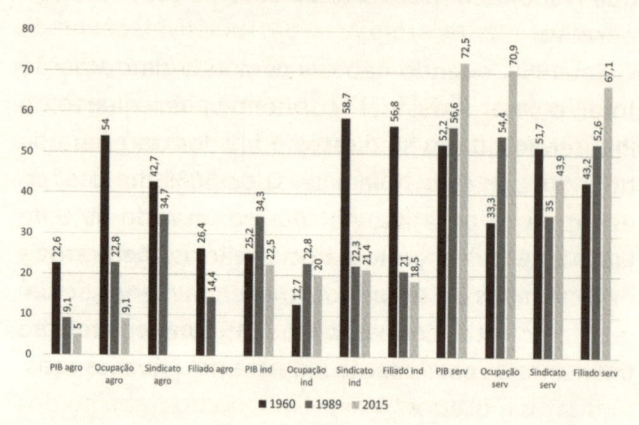

Categoria	1960	1989	2015
PIB agro	22,6	9,1	5
Ocupação agro	54	22,8	9,1
Sindicato agro		42,7	34,7
Filiado agro	26,4	14,4	
PIB ind	25,2	34,3	22,5
Ocupação ind	12,7	22,8	20
Sindicato ind	58,7	22,3	21,4
Filiado ind	56,8	21	18,5
PIB serv	52,2	56,6	72,5
Ocupação serv	33,3	54,4	70,9
Sindicato serv	51,7	35	43,9
Filiado serv	43,2	52,6	67,1

Fonte: IBGE (elaboração própria)

As formas de resistência se constituem cada vez mais em termos horizontais e em articulação com as redes de relacionamento e de proximidade do cotidiano. Na maior parte das vezes, trata-se de um conjunto de mobilizações previamente organizadas, operando mais como reação espontânea diante das dificuldades impostas à vida cotidiana do que lutas de expressão dos interesses coletivos.

Problemas focados no dia a dia do mundo do trabalho e nas condições de vida redefinem a dinâmica subjacente às dimensões e escalas que afetam a classe trabalhadora de serviços. Na emergência do novo sujeito social representado pelo contaproprista, equivocadamente identificado como empreendedor de si próprio, ocorre a reorganização das condições de competição ao aliar, na venda de sua força de trabalho, o instrumental de trabalho.

Em geral, a transformação das subjetividades implica multiplicação das experiências de organização do trabalho e da vida. No horizonte de possibilidades, a insegurança permeia a projeção do futuro, limitada pela emergência a dominar o curtoprazismo das formas de sociabilidade moldadas no universo de relações pessoais e familiares, bem como intergeracionais e domiciliares de base territorial.

A sociabilidade construída nos espaços de produção e reprodução da pobreza é a base pela qual as resistências se fundamentam no mundo do trabalho dos serviços. A reconfiguração das localidades ocorre em meio à ascensão das legitimidades de proximidade concebidas por igrejas, ações próprias de milícias e do crime organizado na oferta de soluções imediatas ao desespero do cotidiano.

Assim, ocorre o esgotamento do tradicional sistema de gestão populacional que opera por meio da modulação e das especializações de diferentes *status*, como morador (associação de bairros), estudante (entidades estudantis), empregado formal (sindicato), cidadão (partido), entre outros. A fragmentação do formato na gestão de multidões dos empobrecidos desconectados do mercado de trabalho assalariado e protegido tornou-se ineficaz, pois reservado a minorias.

Nessa nova fase da desigualdade estrutural, as múltiplas formas de mobilização se fundamentam no espaço local, contornando dinâmicas de natureza nacional. O contexto das subjetividades transformadas, embebidas por interseções de diferentes situações, proximidade e conteúdo resolutivo repercute o novo sujeito social.

Muitas vezes, no Brasil, o fanatismo de moral religiosa e o princípio de autoridade fazem das intervenções milicianas e de organizações do crime as bases pela qual se move a classe trabalhadora de serviços. Distante disso, parece manter-se as instituições corporativas próprias da sociedade urbana e industrial.

Tendo em vista as próprias transformações nas práticas sociais apropriadas pelo mundo do trabalho nos serviços, que permanecem oportunas, ocorre a reinvenção da organização dos trabalhadores. Longe de se consumar a perspectiva negacionista da centralidade do trabalho, o sindicato segue tendo futuro, desde que as lacunas atualmente constatadas possam ser, de fato, superadas com a renovação protagonizada pelo novo sujeito social.

MUNDO DO TRABALHO E ORGANIZAÇÃO SINDICAL

OS TRABALHADORES E SUAS ORGANIZAÇÕES DE REPRESENTAÇÃO

encontram-se sob intenso ataque, decorrente das políticas antilabor adotadas pelos governos que assumiram o Brasil a partir do golpe institucional de 2016, que encerrou o ciclo político da Nova República (1985-2016). Embora não seja a primeira vez que políticas contrárias aos interesses dos trabalhadores tenham sido adotadas desde a década de 1930, quando o padrão corporativo de relações de trabalho foi implementado, constata-se o seu ineditismo atual em procurar substituir o sistema público pelo privatista (contratual-individual) de relacionamento entre patrão e empregado.

Durante as décadas de 1930 a 2000, por exemplo, os dois tipos principais de políticas antilabor observados não visaram destruir o padrão corporativo existente, mas sim torná-lo funcional aos interesses imediatos dos governos da época. Nos períodos autoritários (Estado Novo, 1937-1945, e ditadura civil-militar, 1964-1985), as políticas contrárias aos interesses dos trabalhadores se caracterizaram por serem repressivas e sufocantes à ação sindical, enquanto nos períodos democráticos (1946-1964 e 1985-2016), buscaram, quando adotadas, enfraquecê-los, com legislações desregulatórias e medidas descompromissadas com o pleno emprego.

A partir de 2016, contudo, as políticas antilabor dos governos Temer (2016-2018) e Bolsonaro (2019-2022) se mostraram convergentes com o desmonte do padrão corporativo das relações de trabalho. Para tanto, medidas orientadas ao esvaziamento e amordaçamento da justiça trabalhista foram tomadas, bem como aquelas que asfixiam financeiramente o funcionamento dos sindicatos e desregulam as relações laborais por meio da reforma trabalhista e da generalização da terceirização – tudo isso promovido durante a mais grave recessão econômica desde a década de 1930, cujas consequências para os trabalhadores foram o retorno da pobreza e da desigualdade de renda, além da massificação do desemprego e da subutilização laboral. Diante de drástica redução no poder contratual dos trabalhadores, o modelo privatista neoliberal de relações de trabalho encontrou maior espaço para avançar.

Além disso, constata-se a desconstituição de categorias tradicionais de trabalhadores imposta pelos movimentos da desindustrialização precoce e da terciarização antecipada da economia nacional. Se combinada à universalização da terceirização nos contratos de trabalho, percebe-se como o conjunto diverso de categorias profissionais tende a ser substituído pela generalização de verdadeiras multidões de ocupados precarizados.

Em síntese, o desmonte do padrão corporativo das relações de trabalho resulta da convergência entre a transformação estrutural da economia com a desindustrialização precoce, a antecipada terciarização produtiva e a modificação legislativa recente que promove a desregulação dos contratos de trabalho, o desincentivo à justiça trabalhista e a desobrigação sindical.

No mesmo sentido, o impulso dos governos neoliberais recentes à implantação de nova legislação previdenciária busca contrair o sistema público de aposentadoria e pensão em benefício do regime de capitalização individual – isso sem mencionar o interesse em liberar a contratação do trabalho à margem de qualquer legislação protetora social e trabalhista (carteira de trabalho verde-amarela).

Dessa forma, a quase octogenária Consolidação das Leis do Trabalho (CLT) corre o sério risco de se tornar letra morta frente à emergência do modelo privatista de regulação contratual-individual dos trabalhadores, o que pode significar, guardada a devida proporção, o retorno ao primitivismo da condição do trabalho de quase servidão prevalecente por quatro décadas no Brasil (a partir da abolição da escravatura, no final da década de 1880).

Isso se dá porque a ênfase na simplificação das relações entre o capital e o trabalho, intrínsecas ao modelo contratual-individual, explicita a ausência do direito especial do trabalho e de varas especializadas do Poder Judiciário. Da mesma forma se dá o desaparecimento das garantias legais à organização e representação de interesses dos trabalhadores, às instituições próprias de governos (Ministério do Trabalho e de secretarias no Poder Executivo) para gestão, fiscalização, políticas públicas etc.

Ou seja, certa regressão ao passado, quando na República Velha (1889-1930) não havia regulação pública nas relações entre o capital e o trabalho, em virtude do distanciamento do Estado liberal de mínima vigência na antiga sociedade agrária. Sem legislação social e trabalhista abrangente e de dimensão nacional, as regras laborais eram privadas, circunscritas ao mínimo que era arbitrado pelo patrão no próprio local de trabalho.

Na circunstância atual da adoção do modelo contratual-individual, a heterogeneidade nas relações de trabalho tende a se aprofundar, consolidando a fratura social. Com o desmonte possível do sistema público de aposentadoria e pensão, o país poderia regredir à época dos escassos fundos de ajuda mútua organizados por trabalhadores e até por empresas, como nos casos de assistência médica, escolas para trabalhadores e filhos e até moradias, vigentes no século XIX.

Naquela época, as condições gerais do mercado de trabalho impulsionadas pelo privativismo das relações de trabalho foram determinantes para a escassa decência humana. As manifestações de repulsa por parte dos trabalhadores eram enfrentadas, quase sempre, como casos de repressão policial pelo Estado, além das práticas de exclusão de contratação adotadas pelo patronato.

Para além de uma breve descrição, compreensão e reflexão acerca das implicações para os próximos anos, a transição do atual sistema público de relações de trabalho para o privado requer abordagem mais ampla que a referência circunscrita à natureza antilabor das políticas em curso desde 2016. Assim, a presente seção se propõe a enfocar os determinantes do sentido atual no mundo do trabalho e organização dos interesses por meio do sindicalismo, tratando, em sequência, das condições de vigência do padrão de regulação pública das relações de trabalho.

Ao final, analisam-se os elementos de transição para o sistema contratual-individual de regulação privada das relações de trabalho, em plena passagem antecipada para a sociedade de serviços no Brasil. Dessa forma, espera-se poder contribuir tanto para o melhor entendimento da realidade atual, como buscar transformá-la em prol de uma sociedade justa e democrática.

SENTIDO ATUAL DO MUNDO DO TRABALHO E SUAS REPRESENTAÇÕES

Em mais de três séculos de vigência como modo dominante de produção de riqueza, o capitalismo conteve distintos padrões de uso e remuneração da força de trabalho, acompanhado por variadas possibilidades de organização da representação dos interesses dos trabalhadores. De maneira geral, a constituição e desenvolvimento da ordem hierárquica no funcionamento do capitalismo, instituída a partir do século XVIII com a articulação hegemônica dos poderes das Forças Armadas, do padrão monetário e do sistema técnico-produtivo, conferiu à hegemonia inglesa a irradiação geral na determinação do mundo do trabalho.

Por um lado, a dimensão estrutural técnico-produtiva, estabelecida de revolução em revolução industrial e tecnológica, tendeu a estabelecer os parâmetros principais pelos quais a competição intercapitalista aponta a quantidade de uso e remuneração da força de trabalho. Durante a Primeira Revolução Industrial e Tecnológica na Inglaterra, a partir de 1750, a lógica de produção em pequena escala foi sustentada por vários micro e pequenos capitalistas, sem condições próprias do estabelecimento prévio, por exemplo, de preços e quantidades das mercadorias, já que dependiam de acirrada "competição perfeita" nos mercados diversos.

O curso da Segunda Revolução Industrial e Tecnológica ao final do século XIX registrou intensas disputas entre Estados Unidos e Alemanha, quando a lógica de produção foi alterada pela força das novas e gigantescas escalas de produção, não apenas nos segmentos da manufatura. Com isso, outro formato do capital, cada vez mais concentrado e centralizado na grande empresa, passou a predominar. Diante da formação de estruturas oligopolistas de competição, preço e quantidades das mercadorias deixaram de ser determinados exclusivamente pelos mercados, pois, cada vez mais, estavam associadas ao grau de monopólio.

Diante disso, o Estado liberal de mínima regulação deu lugar ao novo Estado impulsionador de regras crescentes e intervenção generalizada nos espaços territoriais. Com a desagregação dos antigos impérios herdados do século XIX, ascenderam novos países, consolidando os Estados nacionais.

Por força de duas grandes guerras mundiais e da grave depressão econômica de 1929, os Estados Unidos assumiram a função de nova centralidade na ordem hierárquica capitalista, até então exercida pela Inglaterra. Com isso, a primeira onda de globalização capitalista conduzida por diversos impérios e suas relações colonialistas foi interrompida pelas duas Guerras Mundiais (1914 e 1945), o que permitiu consolidar o sistema interestatal, de predomínio dos Estados nacionais, ao longo da Guerra Fria (1947-1991).

De menos de 50 países existentes ao final da década de 1940, o mundo passou a conviver com a difusão de novas nações em plena descolonização, resultando na constituição de cerca de 200 países. Tudo isso, contudo, modificou-se rapidamente com a ascensão das grandes corporações transnacionais a partir do último quartel do século XX.

Em grande medida, o avanço da Terceira Revolução Industrial e Tecnológica trouxe consigo uma nova lógica de produção no interior do capitalismo. A difusão das redes de produção permitiu operar outra lógica de funcionamento, ainda que fragmentada por uma diversidade de localidades no planeta, cada vez mais concentrada em poucas corporações empresariais.

Por operarem em dimensão transnacional, as grandes corporações redefiniram o padrão monopolista de produção e distribuição de bens e serviços. Além da gestão estratégica de informações (*Big Data*), as grandes corporações transnacionais acrescentaram maior ênfase na produção de serviços, cujo trabalho imaterial passou a predominar. Também a dimensão financeirizada da produção tendeu a se impor, ao final, sobre a determinação de preços e quantidades no sistema capitalista de produção atual.

Após sete décadas de interrupção da primeira onda de globalização capitalista (imperialismo) pela consolidação do sistema interestatal, o mundo ingressou numa segunda onda capitalista globalizadora desde a década de 1980. Mesmo que atualmente não signifique regressões no conjunto dos Estados nacionais existentes, as políticas públicas não deixaram de sofrer enorme pressão para a sua desregulação e flexibilização aos interesses das grandes corporações transnacionais.

A expressão do processo de monopolização capitalista alcançou patamar inédito com a determinação de preços e quantidades na produção de bens e serviços em crescente disputa comercial, militar e tecnológica entre distintos países, sobretudo Estados Unidos e China. Nesse sentido, a centralidade da ordem hierárquica capitalista, exercida pelos EUA quase na forma imperial desde o fim da Guerra Fria (1947-1991), indica atualmente estar ameaçada, o que tem permitido, inclusive, reações de toda ordem, como a retomada das políticas nacionalistas e de proteção dos mercados por várias nações.

Por outro lado, a dimensão estrutural da luta de classes e sua expressão institucional, como nos sindicatos, partidos políticos, gestão do Estado e suas políticas públicas, tende a estabelecer os limites da exploração do trabalho pelo capital ao longo do tempo. Enquanto o grau de rigidez quantitativa da força de trabalho tende a estar relacionado à estrutura técnico-produtiva, o grau de flexibilidade no uso e remuneração dos trabalhadores encontra-se, em geral, associado ao modo de regulação das relações entre o capital e o trabalho.

Assim, o estágio da correlação de forças entre as classes e frações de classes sociais passa a determinar as condições de uso (salário-mínimo, jornada máxima de trabalho e outros) e de não uso do trabalho (a inatividade na determinação da idade de ingresso e saída do mercado de trabalho por sistemas de garantias de renda, como pensão e aposentadorias). Por ação direta do sindicalismo, as negociações e contratos coletivos estabelecem, no plano do local de trabalho e para o conjunto da categoria, os limites à exploração do capital no âmbito do emprego direto da mão de obra.

Além disso, a atuação em partidos políticos e a presença na agenda das políticas públicas do Estado possibilitam alargar e ampliar os limites da exploração capitalista para o conjunto da classe trabalhadora. Na vigência do capitalismo de competição "perfeita", a presença do Estado liberal impunha a mínima regulação ao partir do pressuposto de que caberia às forças de mercado a determinação de preço e quantidade de qualquer mercadoria, como a força de trabalho. Somente no âmbito do monopólio da violência, moeda e tributação seria justificada a intervenção do Estado mínimo.

No mesmo sentido do capitalismo concorrencial que tinha na Inglaterra a liderança na ordem mundial e padrão técnico-produtivo da Primeira Revolução Industrial e Tecnológica, o modo dominante de organização e representação dos trabalhadores era o sindicalismo de ofício, que compreendia a múltipla atuação em uma série de funções. Em geral, esse sindicalismo estava vinculado à gestão do fundo de ajuda mútua, ao processo formativo nas escolas de artes e ofícios, às ações culturais e saraus, bem como às atividades de comunicação e lutas políticas abrangentes na organização dos trabalhadores dispersos pela diversidade de micro e pequenos empreendimentos.

Mas esse contingente de trabalhadores melhor inserido nos setores econômicos, cujos rendimentos permitiam cotizações de financiamento sindical e de suas funções coletivas, representou parcela minoritária no conjunto da classe trabalhadora. Nesse sentido, era uma espécie de elite operária, aguerrida e organizada, porém deslocada dos anseios gerais da ampla parcela da força de trabalho, a sobreviver com péssimas condições de vida e sem instituições de representação de interesses.

Sem possibilidade de participar do processo político eleitoral, os trabalhadores eram meros assistentes. A vigência de regimes democráticos era mínima, pois censitária, ao limitar o voto e a possibilidade de ser votado apenas aos homens de posse de patrimônio ou renda elevada, o que não significava mais de 10% do total da população participando dos momentos eleitorais.

Ademais, a presença do Estado liberal também significava a ausência de direitos sociais e trabalhistas em combinação com o uso alargado da repressão policial, quase sempre atuando contrariamente à mobilização de operários e em defesa da proteção da propriedade privada. Se combinada à diversidade das formas de trabalho subordinadas e por conta própria, sem ação regulatória nas relações de trabalho e de políticas públicas, pode-se compreender a emergência das lutas do anarcossindicalismo.

A partir do século XX, todavia, a consolidação do padrão técnico produtivo da Segunda Revolução Industrial e Tecnológica impôs a necessidade de outro modo de organização e representação do trabalho. Isso porque a concentração de empregados no mesmo local, como as enormes fábricas, permitiu o surgimento do novo sindicalismo (sindicatos de grandes empresas, sobretudo industriais) em substituição aos sindicatos de ofício.

O novo sindicalismo, ao contrário da diversidade de funções dos sindicatos de ofício, passou a focar mais na agenda econômica, cujo objetivo primordial era o de elevar o rendimento e melhorar as condições de trabalho e vida dos empregados das grandes empresas. Para tanto, a realização dos contratos coletivos permitiu estabelecer limites privados à exploração capitalista nos locais de trabalho, enquanto a articulação com partidos políticos de base operária favoreceu construir, no parlamento, a legislação de regulação pública das relações entre o capital e o trabalho.

Além disso, a ascensão de governos constituídos ou liderados por partidos de base operária estimulou a construção inédita do Estado de Bem-estar social em substituição ao antigo Estado mínimo da ordem liberal. O alcance do pleno emprego se tornou possível não apenas pela economia de guerra durante os grandes conflitos mundiais, mas também pela economia de paz nas três décadas de ouro do capitalismo assentado na estabilidade tecnológica e nas políticas públicas regulatórias dos Estados nacionais.

Tudo isso, contudo, passou a sofrer importante transformação com o desenlace do novo padrão técnico-produtivo instalado pela Terceira Revolução Industrial e Tecnológica, e difundido pelas grandes corporações transnacionais desde o final da década de 1970. A presença concentrada de trabalhadores por local de trabalho foi substituída pela diversificação da terceirização, nas funções especializadas, por múltiplos estabelecimentos, em grande medida de micro e pequenos empreendimentos.

A mudança no estado da luta de classes refletiu o esvaziamento da antiga classe trabalhadora que sustentava a própria atuação do novo sindicalismo. Em grande medida, a contenção das ocupações intermediárias gerou maior polarização no mundo do trabalho, com a expansão significativa do emprego precário e de baixo rendimento, bem como (em menor intensidade) dos empregos de maior rendimento e qualificação.

A combinação das novas tecnologias de informação e comunicação com o movimento de terciarização da economia tinha como centralidade o trabalho imaterial. Este difere-se do trabalho material na produção de mercadorias, pois a organização e representação dos interesses, no predominante setor de serviços, pressupõe outras formas de atuação em virtude da escassa existência de local determinado e coletivo de execução laboral, associado com a contratação individual.

Além da crescente intensificação e extensão do uso do trabalho, as novas tecnologias de informação e comunicação tornaram o labor móvel, pois passível de ser exercido para além do tradicional local de trabalho. Com isso, a extensão da jornada laboral, acompanhada do surgimento de novas doenças profissionais, como a Síndrome de Burnout, depressão e outros distúrbios de natureza psicossocial de nova geração.

A regulação pública tradicional nas relações entre capital e trabalho passou a sofrer questionamentos internos e externos, sobretudo da lógica patronal de competição entre as grandes corporações transnacionais, a impor vontades privadas na contração da força de trabalho praticamente sem regras. Sem os limites à exploração capitalista, assiste-se à formação de multidões de precarizados em distintos países e regiões do mundo que, sem definição de categorias profissionais e organismos atuantes na representação de seus interesses, possibilita o avanço da desigualdade e o rebaixamento do padrão de vida, concomitante com a desconstituição do Estado de bem-estar social.

CONDIÇÕES DE VIGÊNCIA DO PADRÃO DE REGULAÇÃO PÚBLICA DAS RELAÇÕES DE TRABALHO

Antes de o modo de produção capitalista se tornar dominante, a presença de sindicatos no Brasil era escassa, salvo na forma das sociedades de trabalhadores em montepios e cooperativas beneficentes, mutualistas, educativas e culturais registradas durante o Império. Isso porque, em uma sociedade agrária, cuja economia sustentava-se no trabalho escravista, dominada por latifúndios de exploração para o mercado externo de produtos primários, a população livre era reduzida e dispersa em pequenos arquipélagos no território nacional.

Com o ingresso dos imigrantes brancos europeus para substituírem o contingente de escravos negros africanos, as ideias de sindicalismo trazidas de fora começaram a ganhar alguma expressão no país, predominado pelo agrarismo em pleno século XIX, sobretudo com a abolição da escravatura. Pela extensão do trabalho livre, os conflitos sociais e trabalhistas passaram a ganhar expressão, pelo menos até a década de 1920, quando a predominância do Estado liberal mínimo impedia haver regulação pública nas relações entre o capital e o trabalho.

Até o ano de 1919, por exemplo, o avanço nas organizações de trabalhadores livres foi praticamente dominado por lutas e resistências da mão de obra dominantemente estrangeira e expresso pela ideologia do anarquismo, socialismo, sindicalismo, anarcossindicalismo e cooperativismo. Com a difusão de importantes manifestações de lutas e greves na década de 1910, alguns ganhos legislativos foram obtidos por pressão organizada da livre representação laboral ao longo da década de 1920.

Para a sociedade agrária vigente na época, o mercado de trabalho encontrava-se em formação, ainda praticamente marcado pela expressão de quase enclaves de produção em poucas cidades do país (Rio de Janeiro, São Paulo, Porto Alegre, Recife e algumas outras capitais). Naquelas circunstâncias, a existência de entidades de trabalhadores que conseguiam atingir alguma parcela, mesmo que restrita, da população, poderiam ser reconhecidas como inovadoras e extremamente corajosas.

Ademais, no regime político de democracia censitária, que excluía mulheres e homens analfabetos e pobres, os sindicatos, quando não perseguidos, eram fortemente repreendidos em uma economia de fraco mercado interno e forte dependência das exportações. Todavia, a importante ação sindical dificilmente conseguia incluir o conjunto dos ocupados, sobretudo a mão de obra não-branca.

Somente a partir da Revolução de 1930 os sindicatos passaram a ser reconhecidos oficialmente pelo Ministério do Trabalho, criado no mesmo ano, além da regulação da sindicalização (1931) e proliferação de legislação social e trabalhista que se transformou na Consolidação das Leis do Trabalho, em 1943 (Brasil, 1943). Mas, para isso, houve intensa repressão e cooptação do tipo de sindicalismo praticado nos enclaves produtivos até então existentes, pois visava passar da fase do privatismo de competição para o sistema público de regulação das relações de trabalho.

Ao contrário do pluralismo de base individual-egoísta e de forte característica liberal, o corporativismo adotado desde então se propôs a outra forma de organizar a antiga população agrária que, dispersamente alocada territorialmente, transitava para a sociedade urbana e industrial por força de intenso processo migratório. Amparada fortemente na formação e identificação de categoria dos trabalhadores (profissional), a regulação corporativa estabeleceu as bases tanto na organização da sociedade como na relação com o Estado, capaz de conter a competição entre múltiplos e diversos agrupamentos de representação laboral frente ao relacionamento direto com segmentos fortes e dominantes do capital.

Sem o privatismo nas relações de trabalho e a contenção da livre competição entre trabalhadores e seus organismos da defesa de interesses, instalou-se no mundo do trabalho, a partir da década de 1930, o monopólio da representação laboral realizado por organismos centralizados em categorias profissionais de trabalhadores e por base mínima geográfica municipal. Mas, para isso, a instalação dos mecanismos compulsórios de exclusividade na representação coletiva comprovada (livre associação de seus membros) e derivada (livre associação vertical dos sindicatos em federação e confederação) só se tornou possível com o abandono do Estado liberal.

Pela constituição das estruturas oficiais, com capacidade de representação exclusiva por categoria profissional, a modalidade de acordos e convenções coletivas foram previstas concomitante com a intervenção da Justiça do Trabalho e do financiamento compulsório e negocial. Com a expansão da sociedade urbana e industrial, o padrão corporativo de regulação pública nas relações entre patrão e empregado prevaleceu praticamente inconteste, cada vez mais complexo frente à estruturação do mercado nacional de trabalho associado à expansão da urbanização e industrialização menos dependente do exterior.

Apesar disso, uma parcela dos ocupados não foi incorporada ao assalariamento regular e regulamentado, especialmente pela existência de formas de trabalho por conta própria e assalariamento informal. Ainda durante a industrialização restringida, que prevaleceu até a década de 1950, a negociação entre patrões e empregados era quase inexistente, pois dominada pela cultura do dissídio coletivo.

A dominante presença de micro e pequenos empreendimentos na economia brasileira praticamente comprometia qualquer possibilidade de organização de trabalhadores nas empresas, o que levava a recorrer à Justiça do Trabalho. Seu papel, além de decidir sobre conflitos de natureza individual (reclamações trabalhistas), incluía definir questões coletivas impetradas judicialmente por sindicatos (dissídios coletivos).

Nesse sentido, a atuação mais organizada dos sindicatos voltava-se a questões externas ao local do trabalho, como o elevado custo de vida e aumentos de tarifas públicas, como no transporte coletivo, entre outras. As greves e manifestações políticas na década de 1950 foram marcas importantes das mobilizações e manifestações de trabalhadores estimulados pela atuação sindical.

A partir da conclusão do Plano de Metas do governo JK (1956-1960), a industrialização se fortaleceu substancialmente com a expansão das grandes empresas estatais e privadas nacionais e estrangeiras, o que permitiu abrir inéditos espaços para as ações do novo sindicalismo por meio das negociações coletivas. As greves de Osasco e Contagem, em pleno regime autoritário, na segunda metade da década de 1960, indicaram como questões internas aos locais de trabalho das grandes empresas haviam se tornado tema de negociação coletiva para além da interferência da justiça trabalhista.

Com a luta mais intensa pela transição para a democracia, a partir do final da década de 1970, as lutas dos trabalhadores implicaram renovar direções do sindicalismo, com o fortalecimento da sindicalização, dos sindicatos e centrais sindicais, bem como das negociações e contratos coletivos de trabalho. Somente a partir dos anos de 1990, com o abandono do projeto de industrialização nacional e o ingresso passivo e subordinado na globalização capitalista, o sindicalismo passou a conviver com novos desafios decorrentes do fechamento de indústrias, deslocamento territorial de empresas, reestruturação empresarial e terceirização do trabalho.

Entre as décadas de 1930 e 2010, a regulação pública nas relações entre capital e trabalho registrou dois tipos distintos de corporativismo (Stepan, 1980). O primeiro de natureza inclusiva, pois associado à força das medidas governamentais distributivas e de melhora no bem-estar, possibilitado pela incorporação política e econômica da classe trabalhadora, conforme as experiências do varguismo e do lulismo.

O segundo, do tipo corporativista, se apresentou de natureza exclusiva, por vincular-se às medidas governamentais repressivas e de flexibilização regulatórias, geradoras da desigualdade, concentração de renda e redução do bem-estar social. Nesse sentido, as experiências constatadas durante os governos autoritários (ditadura civil-militar, 1964-1985) e neoliberais (era dos Fernandos Collor e Cardoso, 1990-2002) se caracterizaram por distanciar a evolução dos salários reais dos ganhos de produtividade.

De todo modo, o sistema corporativo de relações de trabalho prevaleceu ativo por quase nove décadas. A sua montagem e consolidação, ainda na década de 1930 até o golpe de 2016, permitiu percorrer como elemento fundamental de agregação da sociedade urbana e industrial, mesmo diante de vários períodos de ruptura institucional e de democratização, fases de abertura e fechamento econômico e de políticas nacionalistas e neoliberais.

Seja corporativismo inclusivo, seja corporativismo exclusivo, o sistema público de relações de trabalho serviu aos distintos interesses dos governantes de plantão. Em grande parte das vezes, os conflitos trabalhistas continuaram sendo tratados no âmbito da Justiça do Trabalho e de instituições que nem sempre operam em consonância com as práticas da negociação coletiva.

Sem a regulação autônoma, tampouco pluralista, as relações corporativas de trabalho seguiram amplamente regulamentadas. Com a definição do conceito de categorias profissionais de trabalhadores, a representação e organização tornaram-se alvo importante para a ação sindical.

DESESTABILIZAÇÃO DO TRABALHO

A longa e gradual jornada de efetivação da regulação do mundo do trabalho no Brasil encontrou o seu descenso com a interdição do governo democraticamente eleito em 2014. Com o impedimento da presidenta Dilma, em 2016, uma série de projetos liberalizantes da legislação social e trabalhista que se encontrava represada desde a ascensão da nova Constituição Federal, em 1988, passou a ser descortinada.

Mas a desregulação recente não constituiu a única desde a Revolução de 1930, quando teve início a implantação das bases atuais do sistema de regulação social e trabalhista. Com a transição da velha sociedade agrária para a urbana e industrial, o mundo do trabalho conheceu quatro fases distintas de desregulação – nenhuma, contudo, comparável à atual.

Até a década de 1930, o mercado nacional de trabalho encontrava-se em construção. Por oito décadas, desde 1850, com as restrições ao tráfico de escravos e a implantação da lei de terras, a transição para o capitalismo foi gradualmente criando o mercado de trabalho. Com a implantação do projeto nacional de urbanização e industrialização a partir da Revolução de 1930, a condição anterior dos mercados regionais de trabalho foi sendo superada pela implantação de um sistema nacional de regulação pública do trabalho.

Mesmo diante da passagem do Império para a República, em 1889, a regulação do mercado de trabalho terminou sendo postergada frente à prevalência da situação de "liberdade do trabalho", definida pela primeira constituição republicana, em 1891. Nem mesmo a aprovação, em 1926, da Emenda Constitucional n. 29, que possibilitou ao Congresso Nacional legislar sobre o tema do trabalho, alterou a perspectiva liberal de manter o Estado fora da regulação social e trabalhista.

Durante a República Velha (1889-1930), prevaleceu o projeto de branqueamento populacional herdado do Império (1822-1889), que se constituiu no ingresso de imigrantes brancos para os principais postos de trabalho livre. Com isso, a maior parcela dos brasileiros permaneceu excluída do ingresso no modo de produção capitalista, uma vez que a elite agrária entendia que a presença indígena, negra e miscigenada responderia pelo atraso nacional.

Assim, o Brasil registrou, pelo censo demográfico de 1940, cerca de dois terços do total da população constituída por brancos. Quase 60 anos antes, a população não branca (indígenas, negros e miscigenados) representava quase dois terços do total de residentes, segundo o censo demográfico de 1872.

A partir da Revolução de 1930, contudo, a regulação do trabalho foi se constituindo como novidade difundida de maneira fragmentada, segundo pressão localizada de categorias mais fortes de trabalhadores. Exemplo disso foi a legislação de 1932, que obrigou os estabelecimentos urbanos a contratarem pelo menos dois terços de trabalhadores nascidos ou naturalizados no país, o que favoreceu a inclusão da mão de obra nacional (negros e miscigenados) e as restrições à imigração.

Após uma década de embates, com avanços pontuais na implantação de um conjunto de leis dispersas na regulação do emergente emprego assalariado, foi implementada a Consolidação das Leis do Trabalho (CLT) no ano de 1942. Somente com o regime político autoritário do Estado Novo (1937-1945) pôde o sistema nacional de regulação pública do trabalho ser, enfim, implementado.

Mesmo assim, a maior parte dos trabalhadores terminou sendo excluída do código do trabalho frente à oposição liberal conservadora dos proprietários rurais, antiga força dominante na República Velha, que impediu a chegada da regulação pública do trabalho no meio rural. A contrarrevolução de 1932 expressou muito bem a oposição do conservadorismo agrário à modernização das relações capital-trabalho.

Somente duas décadas após a implantação da CLT, com a aprovação do Estatuto do Trabalhador Rural, em 1963, que a possibilidade de incorporação lenta e gradual do trabalho rural no sistema de regulação pública do trabalho passou a funcionar. Além disso, um verdadeiro adicional de medidas complementares foi sendo introduzido, como o 13º salário, a assistência e aposentadoria do trabalhador rural, entre outras.

Mas foi somente pela Constituição Federal de 1988, ou seja, 45 anos após a implementação da CLT, que os trabalhadores rurais passaram a ter direitos equivalentes aos empregados urbanos, embora ainda atualmente haja segmentos dos ocupados sem acesso à regulação social e trabalhista. Na década de 1940, por exemplo, a CLT atingia menos de 10% dos trabalhadores, enquanto no ano de 2014, cerca de dois terços dos empregados encontravam-se submetidos ao sistema de regulação pública do trabalho.

Diante disso, destaca-se o aparecimento de uma primeira fase de desregulação da legislação social e trabalhista, transcorrida durante a segunda metade da década de 1960, com a ascensão da ditadura civil-militar (1964-1985). Nessa oportunidade, a implantação do Fundo de Garantia por Tempo de Serviço (FGTS), por exemplo, não apenas interrompeu a trajetória de estabilidade no emprego, como inaugurou enorme rotatividade na contratação e demissão da mão de obra no Brasil.

A taxa de rotatividade, que atingia cerca de 15% da força de trabalho ao ano na década de 1960, rapidamente foi acelerada, aproximando-se da metade dos empregos formais do país. Com isso, ocorreu a generalização do procedimento patronal de substituição de empregados de maior salário por trabalhadores de menor remuneração, o que tornou o tempo de trabalho na mesma empresa concentrado em poucos estabelecimentos, especialmente no setor público e grande empresa privada.

Na política salarial vigente entre 1964 e 1994, o resultado foi, em geral, a perda do poder de compra do rendimento dos trabalhadores, sobretudo no valor real do salário-mínimo, que atende a base da pirâmide distributiva do país. Diante da significativa expansão da produtividade do trabalho, os salários perderam a corrida não apenas para a inflação, mas também para os ganhos de produtividade, o que terminou por contribuir ainda mais para o agravamento da desigualdade de renda no Brasil.

Essa segunda fase da desregulação se caracterizou por deslocar a evolução dos rendimentos do trabalho para o comportamento acelerado da produtividade, trazendo, por consequência, a prevalência de uma economia industrial de baixos salários. Ao mesmo tempo, uma enorme desigualdade se fortaleceu, tanto intrarrenda do trabalho, revelada pela relação entre as altas e as baixas remunerações, como entre o rendimento do trabalho e as demais formas de renda da propriedade (juros, lucros, aluguéis e outras).

A terceira fase da desregulação do trabalho pode ser constatada na década de 1990, com a dominação de governos com orientação neoliberal. Dessa forma, assistiu-se à generalização de medidas de liberalização da contratação de trabalhadores por modalidades abaixo da orientação estabelecida pela CLT. Entre elas, a emergência desregulada da terceirização dos contratos em plena massificação do desemprego e precarização das relações de trabalho.

A partir da metade da década de 2010, todavia, uma quarta fase da desregulação das leis sociais e trabalhistas foi desencadeada. Com a aprovação da lei geral da terceirização e da reforma trabalhista, a septuagenária CLT foi profundamente modificada, como jamais identificada nas fases anteriores da desregulação do trabalho.

A atualidade da reformulação encontra-se inserida na lógica da desconstituição do trabalho tal como se conhece, pois integra o novo sistema da *uberização* do trabalho no início do século XXI. Isso porque o modo *Uber* de organizar e remunerar a força de trabalho distancia-se crescentemente da regularidade do assalariamento formal, acompanhado geralmente pela garantia dos direitos sociais e trabalhistas.

Como os direitos sociais e trabalhistas passam crescentemente a ser tratados pelos empregadores e suas máquinas de agitação e propaganda como custos, fundamentalmente, a contratação direta, sem direitos sociais e trabalhistas, libera a competição individual maior entre os próprios trabalhadores em favor dos patrões. Os sindicatos ficam de fora da negociação, contribuindo ainda mais para o esvaziamento do grau de organização em sua própria base social.

Ao depender cada vez mais do rendimento diretamente recebido, sem mais a presença do histórico salário indireto (férias, feriado, previdência, etc.), os fundos públicos voltados ao financiamento do sistema de seguridade social enfraquecem, quando não contribuem para a prevalência da sistemática do rentismo financeiro. Nesse sentido, a consolidação da nova classe trabalhadora do precariado assenta-se na expansão dos serviços e das ocupações de renda intermediária dos proprietários de micro e pequenos negócios.

PROBLEMÁTICA NA TRANSIÇÃO DO CORPORATIVISMO PARA O CONTRATUALISMO NAS RELAÇÕES DE TRABALHO

O projeto nacional de industrialização, iniciado na década de 1930, foi abandonado por decisão governamental, a partir da década de 1990, com a inserção passiva e subordinada à segunda onda de globalização capitalista. Pelo predomínio do receituário neoliberal adotado a partir de então (Consenso de Washington), o procedimento de abertura comercial, financeira, tecnológica e laboral deveria impulsionar a modernização nos padrões de produção e consumo.

Para tanto, a revisão do papel do Estado se impunha, reduzindo suas tarefas empresariais, com a privatização de parte considerável do setor produtivo estatal, bem como a ampliação da terceirização para além das funções públicas, envolvendo o setor privado de forma crescente. O Plano Real, voltado ao combate do regime de superinflação que acompanhava o país desde o final do período autoritário, dependeu de políticas macroeconômicas fundadas na valorização da moeda nacional e sustentação de elevada taxa interna real de juros, uma das mais altas do mundo.

Em função disso, o Brasil avançou no processo precoce da desindustrialização nacional. Por precocidade no declínio industrial, compreende-se a incompletude de maturação da estrutura produtiva em atender plenamente a totalidade da população no padrão de consumo de bens industriais.

O esvaziamento dos setores manufatureiros em países com a existência de uma massa de excluídos se revela antecipado no tempo, devido aos obstáculos constituídos ao desenvolvimento industrial. Como resultado, ocorreu a perda da governança do setor produtivo para atender a possíveis novas demandas associadas à superação da condição de subconsumo da população mais pobre.

Embora possível, a alternativa da importação apresenta-se insustentável face à gigantesca escala da demanda externa a ser realizada para o atendimento da enorme parcela populacional situada na base da pirâmide social. O mesmo não se verifica nos países de desindustrialização madura, uma vez que praticamente a totalidade da população teve o acesso ao consumo dos bens manufaturados, o que permite atender adicionais de consumo, se necessário, por meio da importação de bens industriais.

Diante dessas duas situações, completamente distintas em termos de desindustrialização (madura e precoce), o ingresso na sociedade de serviços tende a registrar consequências distintas para as condições e relações de trabalho. No conjunto de países com desindustrialização madura, por exemplo, o avanço da terciarização da economia não se expressa com desemprego pronunciado, mas pelo decréscimo das ocupações intermediárias. Em consequência, deu-se a elevação no grau de polarização do mundo laboral, gerado pela maior ocupação tanto de trabalhadores altamente qualificados como de baixa qualificação.

Considerando-se a evolução da estrutura social em 15 países europeus, percebe-se a reconfiguração do mundo do trabalho, em curso com o avanço da sociedade de serviços. No caso da França, por exemplo, as ocupações superiores (administração e gestão) subiram 65%, assim como as ocupações inferiores (trabalhos menos qualificados) subiram em 44%, enquanto as ocupações intermediárias (ocupações qualificadas na indústria e serviços) decresceram 30% entre 1993 e 2015 (Boisson, 2009; Peugny, 2016).

Na situação brasileira, a desindustrialização precoce impôs ao mundo do trabalho a problemática do desemprego, da subutilização dos trabalhadores e da polarização das ocupações de alta e baixa remuneração. Na trajetória dos ocupados nas últimas três décadas, pode-se constatar a maior concentração dos postos de trabalho na base da pirâmide social (até dois salários-mínimos mensais), que passou de 68,1%, em 1986, para 70,7%, em 2016.

Além do achatamento nas remunerações, houve a redução de 41,8% na participação relativa dos jovens (16 a 24 anos) entre os ocupados e a concentração ocupacional na faixa etária acima de 25 anos. Tudo isso em pleno congelamento da presença do assalariamento entre os ocupados, estabilizado em 67% da ocupação, e a predominância dos postos de trabalho no setor de serviços, representado por quase duas a cada três ocupações, atualmente.

Tudo isso ocorreu associado ao deslocamento da estrutura produtiva assentada no trabalho material, configurada pelas atividades primária e secundária na economia, para a predominância atual do trabalho imaterial em expansão no setor terciário. Diante da substancial transformação em curso no mundo do trabalho, a representação tradicional de interesses identificada pelo novo sindicalismo perdeu centralidade.

Para tanto, torna-se importante reconhecer a emergência da centralidade do individualismo favorecido pela dominância da gestão neoliberal do capitalismo brasileiro desde o final do século XX. De maneira geral, o abandono do racionalismo de ideal da parcimônia, disciplina e esforço na construção coletiva de um futuro superior pelo subjetivismo imediatista na busca da realização do próprio interesse voltado ao gozo sem limites.

A aceleração radical do individualismo egoísta enfraquece o laço social, quase sempre meramente instrumental e mercantil. O resultado disso tem sido a ascensão da desagregação social acompanhada de maior brutalidade pela violência (Bauman, 1999; Žižek, 2000).

Nesse contexto, a indiferença se generalizou, desmotivando iniciativas de sentido coletivo, sendo o hedonismo e o consumismo considerados refúgios, muitas vezes compensado pela medicalização adotada em virtude do desencanto com a felicidade inalcançada. As formas terapêuticas de controle social ganharam maior dimensão, secundarizando o padrão de autoridade proveniente da antiga sociedade industrial, especialmente relacionado ao domicílio e à sala de aula.

Assim, os alicerces da sociedade de serviços tendem a projetar a perspectiva da satisfação imediata no consumismo, distanciando-se da perspectiva de protesto e rebeldia. Frente às estruturas subjetivas de dominação, a busca pela mudança coletiva das condições de vida e trabalho cede lugar ao imediatismo individualista concentrado no anseio do gozo imediato e sem limites.

Mas isso, geralmente, segue acompanhado pela desolação espiritual, ansiedade e angústia crescente que derivam da própria despolitização do cotidiano. O individualismo atomizado busca novas práticas e atitudes, muitas vezes compensadas pela autoajuda, apoio espiritual e medicamentoso.

Nessa nova configuração capitalista da sociedade de serviços, a expansão dos traços narcisistas desfavorece a identificação do coletivo, tornado autocentrado no imediato e na indiferença em relação ao passado e ao futuro. Com isso, o conceito de coletivo (grupo laboral, categoria profissional e classe social) encontra-se comprometido pelo avanço da cultura narcisista que tanto desincentiva a filiação às instituições tradicionais de representação laboral como corrói as bases do sistema de relações entre o capital e trabalho (Sennett, 1999; Lasch, 1983).

Na produção pós-material, vinculada às novas tecnologias de informação, comunicação e inteligência artificial, cresce substancialmente a hiperatividade da intensificação do labor e a extensão do tempo de trabalho, protagonista de esgotamento gerado pela autoexploração das coações impostas pelo novo espírito do capitalismo (Han, 2017; Boltanski e Chiapello, 2009). Em vez do antigo sentido linear e subordinado à confecção de mercadorias tangíveis, o trabalho imaterial torna-se portável em termos de localização para a sua realização, ocupando cada vez mais a temporalidade anteriormente consagrada à inatividade.

Com a generalizada degradação do trabalho produzida pelo estágio atual do capitalismo, aprofunda-se a crise geral da cultura organizacional herdada da antiga sociedade urbana e industrial, cada vez mais impactada por novas realidades sociais. Com o declínio dos postos de trabalho de classe média e a generalizada precarização das ocupações (subutilização e desemprego recorrente), a polarização do mundo do trabalho se reflete no desmonte das tradicionais categorias profissionais, tornando indivíduos associados a multidões de formas diversas do trabalho e do ideal das redes de relacionamento (Negri e Hardt, 2005; Virno, 2013).

Por essa perspectiva, a estrutura de mercado torna-se matriz da centralidade do individualismo com exacerbada subjetividade. Mais factível, de certa maneira, a propagação da forma do anarcocapitalismo concebido pela centralização do Estado como princípio da usurpação da propriedade individual (Mises, 2017; Rothbard, 2018).

A desestruturação do sistema corporativo de relações de trabalho no Brasil tem na ascensão do individualismo a secundarização do ideário de categoria profissional. Concomitante com a transição da sociedade de serviços, as formas tradicionais de representação de interesses perdem centralidade, o que as tornam mais frágeis ao desencadeamento de políticas antilabor voltadas à privatização das relações de trabalho pelo sistema contratualista e individualista.

Assim, a perspectiva dos governantes instalados no Brasil, após o golpe de 2016, tem sido a de colocar fim ao padrão corporativo das relações de trabalho, posto que na precoce desindustrialização e avanço antecipado à sociedade de serviços precarizados, a subordinação da soberania nacional à segunda onda de globalização capitalista seria equivalente à vigente durante a República Velha, durante a onda imperialista. Para tanto, o sistema privado de relações entre patrão e empregado passaria a melhor expressar o curso da quase servidão do mundo do trabalho e a inexistência de organização dos trabalhadores.

PANORAMA DO TRABALHO CAPITALISTA E AS FASES DO SINDICALISMO BRASILEIRO

DA INSTALAÇÃO DO CAPITALISMO COMO MODO DE PRODUÇÃO DOMINANTE
– ainda em uma economia de base agrária, da década de 1880 até atualmente –, a classe trabalhadora sofreu distintas e significativas transformações. Também a representação sindical não ficou paralisada, especialmente na atualidade a registrar a terceira fase do sindicalismo brasileiro nas 15 últimas décadas que marcam a sua existência.

A primeira fase resultou de uma classe trabalhadora formada fundamentalmente pela presença de imigrantes numa sociedade agrária configurada por "ilhas econômicas", representadas por enclaves produtivos majoritariamente vinculados ao exterior. Pelo projeto de branqueamento das aristocracias agraristas do final do século XIX, a mão de obra nacional liberta da escravidão foi excluída pela inclusão de 3,3 milhões imigrantes brancos, sendo 61% concentrados no estado de São Paulo entre 1891 e 1930 – o principal centro de produção do agronegócio exportador do país.

Com a legislação de 1907 – Decreto n. 1.637 (Brasil, 1907) –, a primeira do país, os tipos de associação, denominação, área de jurisdição e funções exercidas (escola e cultura de arte e ofícios, fundo de ajuda mútua, ação política, entre outros) eram de inteira autonomia da representação sindical. Para uma classe trabalhadora predominantemente rural e analfabeta, submetida a jornadas laborais de 15 horas por dia, sem descanso semanal, férias, previdência social e proibição do uso de crianças e mulheres sem critérios, a tarefa de organização sindical era grandiosa frente ao atraso patronal e à repressão dos governos da República Velha (1889-1930).

Em geral, as principais experiências sindicais se localizaram nas atividades urbanas, sobretudo onde o operariado fabril se concentrava, submetido a empresas maiores de formação artesanal (pedreiros, tecelões, marceneiros, alfaiates, chapeleiros, gráficos e outros). Nestas circunstâncias, a presença da mão de obra estrangeira era quase predominante, como em 1920, quando, para 136 mil operários contabilizados no país, 68,4% eram estrangeiros, sendo São Paulo, que respondia por 40% do operariado, constituído por 92% de trabalhadores imigrantes.

A segunda fase do sindicalismo transcorreu entre as décadas de 1930 e 1980, com o avanço da sociedade urbana e industrial. Pelos dois decretos-lei – n. 19.770 de 1931 e 24.694 de 1934 (Brasil, 1931; 1934) –, as organizações livres até então existentes foram substituídas por nova e monopolista forma de funcionamento economicista (ação sobre o custo do trabalho) oficialmente reconhecida por emprego assalariado formal em setor de atividade (categoria profissional) e base territorial mínima municipal.

Em paralelo, o estabelecimento de amplo código de direitos sociais e trabalhistas, com específica função no Poder Judiciário para administrar conflitos laborais individuais e coletivos, a romper com o modelo individualista da ideologia liberal anterior, de "isonomia" suposta nas relações entre empregados e patrões. Até a década de 1950, os sindicatos se expandiram concentrados nas grandes cidades de um país ainda rural e em torno de grandes empresas (tecelões, alfaiates, portuários, mineradores, carpinteiros, ferroviários e outros), tratando da temática geral do custo de vida urbano, pois frente à ausência patronal na negociação coletiva, preponderava a cultura do dissídio da justiça trabalhista.

Com a industrialização pesada a internalizar e expandir a grande empresa associada pelos capitais estatal e privado, estrangeiro e nacional, desde o governo de JK (1956-1961), o sindicalismo saltou das isoladas greves metalúrgicas de Contagem e Osasco, em 1968, para o auge na década de 1980, com o Brasil alcançando ampla experiência de sindicalização e de negociações coletivas de trabalho, bem como o posto de segundo país do mundo em quantidade de paralisações dos trabalhadores.

Mas, a partir de 1990, com a desindustrialização precoce e o abandono da centralidade salarial, o sindicalismo ingressou na terceira fase, desafiada por antecipada passagem para a sociedade de serviços. Com a terciarização das ocupações, cada vez mais associadas aos pequenos negócios laborais, de contida hierarquia vertical e multiplicidade funcional e tecnológica a confundirem identidade e pertencimento à categoria profissional, ganhou expressão o modelo individualista apregoado pela ideologia neoliberal de suposta "isonomia" nas relações de trabalho.

A manutenção da mesma estrutura sindical dos anos de 1930 no novo mundo laboral da segunda década do século XXI fez assistir à queda atual – em comparação com o ano de 1989 –, de menos de dois quintos na sindicalização, mais de dois terços na quantidade de greves e de cerca de nove décimos no fundo de financiamento sindical. É claro que, sem a política antilabor dos governos do após golpe de Estado de 2016 (reforma trabalhista e sindical), os traços da segunda fase sindical poderiam resistir ainda por mais tempo.

De todo o modo, tal como nas décadas de 1930 e de 1960, quando a intervenção autoritária do Estado se tornou decisiva para a reinvenção sindical, a nova classe trabalhadora vive, atualmente, circunstância pré-insurrecional, com enormes insatisfações frente ao neoliberalismo governamental e patronal. Melhor conjunto de ingredientes possíveis para o redesenho da terceira fase do sindicalismo brasileiro, coerente com o funcionamento atual do mundo do trabalho em passagem antecipada para a sociedade de serviços.

Diante dessa constatação inicial, procura-se considerar a instabilidade na base social do sindicalismo, associada à constituição e à transformação do mundo do trabalho, como percepção do envolvimento distinto dos seres humanos com o conteúdo e relações laborais. Em geral, porque tende a sofrer impactos diretos e indiretos de distintas trajetórias possíveis no sistema produtivo, bem como no formato pelo qual a regulação se estabelece sobre o funcionamento do mercado de trabalho.

Nesse sentido, a tradicional classificação das atividades produtivas ajuda no entendimento acerca dos dinamismos diferenciados entre os três principais setores econômicos (primário, secundário e terciário). O setor primário se constitui pelas atividades da agropecuária e o setor secundário compreende a indústria de transformação e construção civil, enquanto o setor terciário responde pelas atividades de serviços, como no caso dos complexos da saúde, educação, entre outros.

Até pouco tempo, o setor terciário era pouco estudado, pois englobava o conjunto de atividades econômicas que não faziam parte dos setores primário, e secundário. Mas diante da tendência de terciarização dos sistemas produtivos, sobretudo após a segunda metade do século XX, os serviços emergiram como papel de destaque crescente.

No passado das sociedades agrária, urbana e industrial, os serviços eram geralmente considerados estáveis, pois responsáveis por irrisórios ganhos de produtividade diante de intensa agregação de trabalhadores. Mais recentemente, contudo, o setor terciário passou a assumir inédito protagonismo com os estudos que buscaram analisar a incorporação do progresso tecnológico, a expansão das ocupações e a crescente importância relativa do produto nos países diante da constituição da nova sociedade de serviços.

Para tratar das diferentes temporalidades na evolução da composição ocupacional brasileira, o presente ensaio analisa as tendências estruturais gerais do mundo do trabalho, para além das especificidades atinentes aos diferentes setores que o compõe, como no caso do complexo da saúde. Neste ensaio, é considerado o conjunto de dados oficiais, do primeiro Censo Demográfico realizado no país, no ano de 1872, à atualidade, com base nas pesquisas realizadas pelo IBGE, para sustentar as principais transformações ocorridas no mercado de trabalho.

Na primeira parte deste ensaio, nesse sentido, apresenta-se uma breve recuperação histórica acerca das temporalidades identificadas no mundo do trabalho brasileiro. Na sequência, descreve-se os principais efeitos da atual transição antecipada para a sociedade de serviços no mundo do trabalho. Na terceira e última parte, considera-se o comportamento mais recente do mercado de trabalho diante das reformas neoliberais implementadas desde o ano de 2016.

CAPITALISMO E MUNDO DO TRABALHO EM TRÊS TEMPOS

Nos últimos 200 anos, o mundo do trabalho no Brasil percorreu três temporalidades completamente distintas, porém complementares e articuladas entre si. A sua breve recuperação histórica permite identificar o sentido geral das mudanças pelas quais a classe trabalhadora foi sendo submetida desde a consolidação do sistema capitalista na condição de país periférico e, por consequência, dependente do centro dinâmico mundial.

A primeira temporalidade respondeu à longeva sociedade agrária, que terminou por estabelecer as bases pelas quais o mercado de trabalho se constituiu, demarcado por importantes especificidades em relação a outros países. A tardia transição e a consolidação do modo de produção capitalista no Brasil, somente ao final do século XIX, estabeleceram traços marcantes na formação e desenvolvimento do mercado de trabalho, disperso regionalmente num país de dimensão continental, liderado por elites autoritárias e de forte e longeva herança escravista.

A segunda temporalidade do mundo do trabalho atendeu aos requisitos da transição para a sociedade urbana e industrial, caracterizada por rápido e intenso processo capitalista de modernização conservadora entre as décadas de 1930 e 1980. Sem ter experimentado qualquer possibilidade de reformas clássicas do capitalismo contemporâneo, tais como a fundiária, tributária e social, a conformação do mercado nacional de trabalho reproduziu a profunda heterogeneidade ocupacional e a ampla exclusão social, tradicionais do subdesenvolvimento periférico no capitalismo mundial.

Por fim, a terceira temporalidade do mundo do trabalho, atualmente em curso neste início do século XXI, caracteriza-se pela antecipada passagem da incompleta sociedade urbana e industrial para a de serviços. Decorrente do precoce processo de desindustrialização, que acompanha o país desde a inserção passiva e subordinada desencadeada na década de 1990 por governos neoliberais, o funcionamento do mercado de trabalho tem convergido para a generalização de condições extremamente regressivas associadas ao relativo declínio de ocupações intermediárias e generalização do emprego na base da pirâmide social, o que favorece o aprofundamento da polarização social.

O mundo do trabalho na sociedade agrária

O ingresso do Brasil no modo de produção capitalista remonta ao conjunto de decisões do período imperial (1822-1889), como a definição do direito de propriedade privada instituído em 1850, com a Lei das Terras (Brasil, 1850b), e as várias medidas gradualistas de transição do trabalho escravo para o mercado livre, a partir dos anos de 1830, com a regulação de contratos de trabalho aos estrangeiros. Por conta disso, a formação do mercado de trabalho contemplou especificidades fundamentais que o tornaram mais complexo e diferenciado regionalmente, a começar pela constituição do mundo do trabalho assentado em três componentes sociais distintos. De um lado, a massa de negros africanos trazida pelo tráfico de escravos, cujo conservadorismo imposto pela elite escravocrata, na passagem para o trabalho livre, resultou do projeto de branqueamento, ao final do século XIX, capaz de postergar a inclusão dos ex-escravos no mercado nacional de trabalho.

De outro, a força social representada pela imigração branca, que constituiu, inicialmente, parte importante do mercado de trabalho, especialmente nas atividades mais dinâmicas da época no país (cafeicultura na região Sudeste). E, ainda, conta também com a presença de segmentos livres, remanescentes de mestiços pobres e negros, libertos e fugidos, quase como acessória à escravidão, pois seu ingresso era restrito às ocupações, quase sempre em atividades residuais e de contido rendimento no interior do mercado de trabalho.

Dessa configuração do mundo do trabalho, decorrente da transição para o capitalismo durante a sociedade agrária, destaca-se a preocupação patronal com a disciplina para o exercício do trabalho livre, pressupondo a expropriação como mecanismo de transformação dos indivíduos em proletários. Nesse sentido, a legislação do trabalho, desde o século XIX, mostrou ser fundamental o estabelecimento dos mecanismos fundantes da disciplina patronal ao exercício laboral do emprego regular da mão de obra.

A despeito da emergência do Estado liberal na República Velha (1889-1930), mínima em termos de ação possível no interior do mercado de trabalho em formação, destaca-se legislação voltada à repressão e imposição de penalidade para as situações consideradas de vadiagem e vagabundagem. Uma diversidade de leis associadas à locação de serviço orientou a imposição da disciplina laboral (coação ao trabalho em qualquer ocupação de caráter regular) para garantir a transformação dos indivíduos (ex-escravo, imigrante estrangeiro e trabalhador livre nacional) em proletários disponíveis à demanda do capital.

Exemplo disso pode ser notado já em 1830, com a implantação do Código Criminal (Brasil, 1830) sobre a repressão da vadiagem e mendicância, assim como em 1837, com a Lei n. 108 da contratação de trabalho estrangeiro (Brasil, 1837) e, em 1850, com as regras de prestação de serviços estabelecidas pelo Código Comercial – Lei n. 556 (Brasil, 1850b). Também faz referência aos interesses patronais, na fixação da disciplina laboral, a legislação de 1879 – Decreto 2.827 –, que tratou da imigração subsidiada como base do sistema de colonato (Brasil, 1879).

Com a instalação da República (1889), o arsenal das legislações anteriores sobre a locação de serviços agrícolas foi revogado em virtude da dominância da lógica liberal e do entendimento de que contrariava a liberdade individual, comprometendo a atração dos fluxos migratórios de mão de obra branca. Em função disso, a quase ausência da legislação laboral se justificaria pelo risco de a regulação pública das relações de trabalho impedir o controle privado e o exercício da disciplina laboral.

Tabela 1: Brasil – Evolução da população total, ocupada e desocupada em 1872 e 1940

Itens	1872 (em mil)	1940 (em mil)	Variação absoluta anual (em mil)	Variação relativa anual (em %)
População Total	10.112	41.165	457	2,1
PEA	6.198 (100%)	15.751 (100%)	140	1,4
PEA ocupada	5.908 (95,3%)	14.759 (93,7%)	130	1,4
- Primário	4.506 (72,7%)	9.844 (62,5%)	78	1,1
- Secundário	282 (4,5%)	1.880 (11,9%)	23	2,8
- Terciário	1.120 (18,1%)	3.035 (19,3%)	29	1,5
·PEA desocupada	290 (4,7%)	992 (6,3%)	10	1,8

Fonte: IBGE (elaboração própria)

Assim, a omissão do Estado liberal permitiu que, durante a República Velha, o funcionamento selvagem do mercado de trabalho estivesse amplamente favorável aos interesses do patronato no Brasil. Com o predomínio da sociedade agrária, as condições de usos e remuneração da força de trabalho, imediatamente após a abolição da escravidão, seguiram próximas do regime de quase servidão.

De acordo com as informações oficiais disponíveis, a evolução do mundo do trabalho se apresentou fortemente dependente das ocupações na agropecuária, dispersas no território nacional. Ainda que, entre 1872 e 1940, a sociedade agrária tenha registrado sinais de declínio, a agropecuária se manteve como responsável por absorver cerca de dois terços do total das ocupações abertas no país, enquanto os postos de trabalhos urbanos apresentaram ritmo de crescimento superior nos setores secundário e terciário, o que permitiu passar de 22,5% para 31,2% da População Economicamente Ativa (PEA).

O mundo do trabalho na sociedade urbana e industrial

A transição para a sociedade urbana e industrial sofreu importante impulso com a Revolução de 1930, capaz de abortar o curso do Estado liberal, instalado na República Velha, e estabelecer as bases do desenvolvimento nacional assentado na consolidação e expansão do mercado interno do país. Para tanto, a constituição do Estado moderno, com capacidade para guiar o projeto de urbanização e industrialização passou, inclusive, pela implantação do sistema público das relações de trabalho, fundado na organização corporativa da sociedade como elemento estruturante do próprio mercado nacional de trabalho.

Até então, os ciclos econômicos experimentados pela antiga e longeva sociedade agrária haviam definido, no território nacional, uma espécie de arquipélago de enclaves produtivos, responsáveis pela existência de esparsos mercados regionais de trabalho. Apesar de sua concentração nas regiões Centro-Sul e litorâneas, em algumas capitais do Nordeste, o desenvolvimento urbano e industrial compreendeu cerca de cinco décadas de estruturação do mercado de trabalho, assentado na centralidade do emprego assalariado, especialmente com carteira assinada.

O movimento de regulação do mercado nacional de trabalho desencadeado a partir da década de 1930, com a implementação da Consolidação das Leis do Trabalho (CLT) em 1943, durante o Estado Novo (1937-1943), mostrou ser fundamental para a disseminação do regime do salariado, especialmente por meio do emprego formal (com carteira de trabalho assinada). Por força disso, o mundo do trabalho se transformou profundamente no Brasil em apenas cinco décadas.

Pela via da urbanização e industrialização, o emprego nas cidades foi o que mais cresceu, respondendo por quase 70% do total das ocupações abertas entre os anos de 1940 e 1980. O ritmo de expansão de todos os postos de trabalho equivaleu ao crescimento da própria PEA, o que permitiu tornar o funcionamento do mercado de trabalho próximo do pleno emprego da mão de obra, com baixo desemprego aberto.

Tabela 2: Brasil – Evolução da população total, ocupada e desocupada em 1940 e 1980

Itens	1940 (em mil)	1980 (em mil)	Variação absoluta anual (em mil)	Variação relativa anual (em %)
População Total	41.165	119.002·	1.946	2,7
PEA	15.751 (100%)	43.236 (100%)	689	2,6
PEA ocupada	14.759 (93,7%)	42.026 (97,2%)	683	2,6
- Primário	9.844 (62,5%)	12.997 (30,1%)	79	0,7
- Secundário	1.880 (11,9%)	12.042 (27,8%)	254	4,7
- Terciário	3.035 (19,3%)	16.987 (39,3%)	350	4,4
PEA desocupada	992 (6,3%)	1.210 (2,8%)	6	0,5

Fonte: IBGE (elaboração própria)

Mas isso não significou ausência da precarização e outros males do subdesenvolvimento, como o baixo rendimento, a informalidade e a ampla presença das ocupações não assalariadas, cuja taxa de precarização (soma das ocupações de assalariamento informal, conta própria e sem remuneração em relação ao total da PEA ocupada) reduziu-se significativamente no período de tempo considerado (de 85% para 45% da PEA). A expansão da taxa de assalariamento (emprego assalariado em relação ao total dos ocupados), que passou de 45% para 65% entre 1940 e 1980, foi significativa (75% das ocupações abertas no período foram assalariadas), ainda que um terço dos ocupados permanecesse distante da submissão ao regime do salariado em 1980.

Tabela 3: Brasil – Evolução da população por tipo de ocupação e taxa de precarização em 1940 e 1980

Itens	1940 (em mil)	1980 (em mil)	Variação absoluta anual (em mil)	Variação relativa anual (em %)
PEA ocupada	14.759 (100%)	42.026 (100%)	683	2,6
Empregador	362 (2,4%)	1.340 (3,2%)	25	3,3
Assalariado	6.615 (44,8%)	27.152 (64,6%)	513	3,6
- Formal	1.906 (12,9%)	21.272 (50,6%)	484	6,2
- Informal	4.709 (31,9%)	5.880 (14,0%)	29	0,6
Conta própria	4.694 (31,8%)	9.555 (22,7%)	122	1,8
Sem remuneração	3.088 (20,9%)	3.978 (9,5%)	23	0,6
Precarização*	12.491 (84,6%)	19.413 (46,2%)	174	1,1

Fonte: IBGE (elaboração própria)
*Soma das ocupações de assalariamento informal, conta própria e sem remuneração em relação ao total da PEA ocupada.

A formalização do emprego assalariado foi outro aspecto importante do movimento de estruturação do mercado de trabalho. Em 1980, por exemplo, o emprego assalariado formal representou quase 51% do total dos ocupados, ao passo que, em 1940, não atingia 13% do total das ocupações no país.

Mesmo que tenha sido reduzido significativamente, constata-se que, ainda em 1980, mais de 35% dos assalariados não tinham contrato formal de trabalho. Em 1940, quase 72% dos empregados assalariados eram informais.

Diante disso, percebe-se como a implantação da legislação social e trabalhista, com forte amparo no padrão corporativo de relações trabalhistas, contribuiu para estruturação do mercado de trabalho durante a constituição da sociedade urbana e industrial. Nesse sentido, a definição do conceito de categoria profissional foi essencial para estabelecer a organização e o financiamento dos sindicatos, os acordos e negociações coletivas de trabalho e a atuação da Justiça do Trabalho.

Nas décadas de 1930 e 1950, por exemplo, a legislação social e trabalhista, centrada na atuação importante do Estado (Ministério do Trabalho e justiça trabalhista), focou fundamentalmente o mundo do trabalho urbano frente à reiterada resistência do patronato rural a qualquer forma de regulação pública do trabalho. Somente a partir da aprovação do Estatuto do Trabalhador Rural (Brasil, 1963), na década de 1960, quando a população agrária deixou de ser dominante na população nacional, foi que, lenta e gradualmente, as ocupações do meio rural foram sendo incorporadas ao sistema público nacional de relações de trabalho.

O mundo do trabalho na sociedade de serviços

O decréscimo relativo nas ocupações agrárias, em simultânea expansão dos postos de trabalhos urbanos (indústria e serviços), apontou para a formação de ampla classe trabalhadora e significativa classe média social entre as décadas de 1930 e 1940. A estrutura de classe e frações de classes sociais estabelecidas por força de intensa expansão econômica nacional, que permitia constituir a sociedade urbana e industrial, passou a ser profundamente modificada a partir da década de 1980, com a crise da dívida externa e a adoção – pela primeira vez desde a década de 1930 – das políticas recessivas, no último governo da ditadura civil-militar (1964-1985).

Com isso, o projeto de urbanização e industrialização, em curso desde a década de 1930, começou a perder a centralidade no Estado desenvolvimentista. A herança da dívida externa, da superinflação, do endividamento público, do rentismo, da pobreza e da desigualdade deixada pelo autoritarismo comprometeu significativamente parte importante das políticas econômica e social do período democrático, implicando perda de vários anos para superação de alguns deles (a superinflação, em 1994, e a dívida externa, em 2008), para começar a resolver outros (a pobreza e desigualdade, nos anos 2000) e aqueles ainda sem resolução (a dívida pública e o rentismo).

Além disso, a adoção do receituário neoliberal nos anos de 1990 coincidiu com o ingresso passivo e subordinado do Brasil na globalização, comandada por grandes corporações transnacionais. Desde então, o país precocemente ingressou no processo de desindustrialização, pois sem universalizar o padrão de consumo a todos os brasileiros, sobretudo na base da pirâmide social, vem declinando a capacidade de produção manufatureira.

Nos países com processo de desindustrialização madura, a diminuição relativa da participação da manufatura no ciclo produtivo transcorreu após a totalidade da população ter sido incluída no padrão de consumo da sociedade urbana e industrial, coincidindo com a maior expansão do setor terciário na economia. Nesse sentido, os serviços mais dinâmicos tenderam a ser aqueles vinculados à produção, à logística, entre outros mais associados ao emprego de mão de obra, com maiores requisitos de formação e remuneração.

Sendo necessário, as importações de bens industriais podem complementar pontualmente as exigências do consumo interno, uma vez que se tratam, em geral, da reposição de produtos pela população ou de alguma novidade. Isso parece ser irrealizável em países de desindustrialização precoce, como o Brasil, devido à expressiva dimensão populacional excluída do acesso aos bens industriais, cuja escala de importação de manufaturados torna-se difícil de ser compensada por bens não industriais.

Além disso, o declínio relativo dos bens industriais na produção não se deveu tanto ao maior ritmo de crescimento do setor terciário, mas à decadência da produção manufatureira, com o encolhimento de alguns ramos e o desaparecimento de outros. Por força disso, a antecipação da passagem para a sociedade de serviços decorre mais do inchamento do setor terciário da economia, em virtude do vácuo deixado pela precoce desindustrialização.

Assim, o processo de terciarização da economia brasileira tem sido caracterizado pela especificidade da continuidade na queda absoluta das ocupações na agropecuária e da recente queda relativa dos postos de trabalho na manufatura. Em quase 40 anos, a participação do setor terciário no total da PEA aumentou 59,5%, pois saltou de menos de 40%, em 1980, para 62,7%, em 2018. No mesmo período, o setor primário registrou a queda de 73,4% na participação relativa no total da PEA, com a diminuição de cerca de 13 milhões para 8,5 milhões de ocupados.

Tabela 4: Brasil – Evolução da população total, ocupada e desocupada em 1980 e 2018

Itens	1980 (em mil)	2018 (em mil)	Variação absoluta anual (em mil)	Variação relativa anual (em %)
População Total	119.002	208.495	2.355	1,5
PEA	43.236 (100%)	105.197 (100%)	1.631	2,4
PEA ocupada	42.026 (97,2%)	93.002 (88,4%)	1.342	2,1
- Primário	12.997 (30,1%)	8.455 (8,0%%)	-119	-0,8
- Secundário	12.042 (27,8%)	18.622 (17,7%)	173	1,1
- Terciário	16.987 (39,3%)	65.925 (62,7%)	1.288	3,6
PEA desocupada	1.210 (2,8%).	12.195 (11,6%)	289	6,3

Fonte: IBGE (elaboração própria)

O setor secundário registrou redução de 36,2% na participação relativa no total da PEA, pois declinou de 27,8% para 17,7% entre 1980 e 2018. Nesse período, contudo, a quantidade de ocupados no setor secundário cresceu 1,1% ao ano, em média, enquanto a média anual foi de 2,1% para a expansão da PEA ocupada e de 3,6% no caso das ocupações do setor terciário.

Simultaneamente, a taxa nacional de desemprego elevou-se significativamente. Entre 1980 e 2018, a quantidade de desempregados foi multiplicada por dez vezes, elevando a taxa de desocupação de menos de 3% para quase 12% da PEA.

Coincidindo com a elevação do desemprego nacional, percebe-se o aumento da precarização entre os ocupados. Dos 19,4 milhões de trabalhadores expostos às condições de trabalho precários em 1980, o Brasil registrou, em 2018, a quantia de 44,5 milhões de ocupados em trabalhos precários, cuja expansão média anual foi levemente superior (2,2%) à própria geração dos postos de trabalho no Brasil (2,1%). Ainda em relação aos ocupados, nota-se relativa estabilização na taxa de assalariamento, uma vez que a sua expansão transcorreu no mesmo ritmo da abertura de postos de trabalho.

Além disso, constata-se que os empregos assalariados que mais cresceram foram os dos trabalhos informais, cuja participação relativa na PEA ocupada passou de 14%, em 1980, para quase 20%, em 2018.

Tabela 5: Brasil – Evolução da população por tipo de ocupação e taxa de precarização em 1980 e 2018

Itens	1980 (em mil)	2018 (em mil)	Variação absoluta anual (em mil)	Variação relativa anual (em %)
População Total	119.002	208.495	2.355	1,5
PEA	43.236 (100%)	105.197 (100%)	1.631	2,4
PEA desocupada	1.210 (2,8%)	12.195 (11,6%)	289	6,3
PEA ocupada	42.026 (100%)	93.002 (100%)	1.342	2,1
Empregador	1.340 (3,2%)	4.532 (4,9%)	84	3,3
Assalariado	27.152 (64,6%)	62.447 (67,1%)	929	2,2
- Formal	21.272 (50,6%)	43.940 (47,2%)	596	1,9
- Informal	5.880 (14,0%)	18.507 (19,9%)	332	3,1
Conta própria	9.555 (22,7%)	23.848 (25,6%)	376	2,5
Sem remuneração	3.978 (9,5%)	2.175 (2,4%)	-47	-0,5
Precarização	19.413 (46,2%)	44.530 (47,9%)	661	2,2

Fonte: IBGE (elaboração própria)

A contrapartida disso foi o decrescimento do peso relativo do emprego formal, de 78,3% do total dos assalariados para 70,4% no mesmo período.

Com a estabilização relativa na taxa de assalariamento, as ocupações que mais cresceram em relação ao total de postos de trabalho abertos no país durante o período foram as de empregador (52,1%) e de conta própria (12,8%). Por força disso, a recente e antecipada transição para a sociedade de serviços no Brasil tem sido marcada pela desestruturação do mercado de trabalho, com significativa presença do desemprego aberto, a subutilização dos trabalhadores e a precarização das ocupações geradas.

Na sociedade urbana e industrial, com o decréscimo da participação relativa do setor primário e a ascensão dos setores secundário e terciário, os serviços foram, em 1980, o principal empregador de força de trabalho no Brasil. Em comparação com o ano de 1940, por exemplo, a composição do setor de serviços tinha sofrido modificações importantes registradas em 1980 e ainda maiores em 2018.

De um lado, a diminuição de importância relativa das ocupações totais nos segmentos dos Serviços de Distribuição (comércio, comunicação, transporte e outros), em 5,6%, e dos Serviços Pessoais (doméstico, segurança, cuidadores e outros), em 22,2%, entre 1940 e 1980. De outro, o avanço na participação relativa no total das ocupações nos Serviços Sociais (saúde, educação, assistência e outros), em 29,7%, e nos Serviços de Produção (engenharia, tecnologia, propaganda e outros), em 56,1%, no mesmo período.

De maneira geral, o ciclo da industrialização e urbanização nacional representou a transformação da força de trabalho alocada em setores de menor produtividade e remuneração para os de maior produtividade e rendimento do trabalho. Isso porque houve deslocamento de trabalhadores do meio rural, ocupados na própria subsistência, para as atividades urbanas, construção civil, indústria de transformação, comércio e serviços. No interior do setor de serviços, constatou-se o deslocamento das ocupações mais simples e de contida produtividade, como nos serviços pessoais (trabalho doméstico e outros) para os serviços sociais e de produção.

Gráfico 1: Brasil – evolução da distribuição dos ocupados entre os segmentos que compõem o setor dos serviços em 1940, 1980 e 2018 (%)

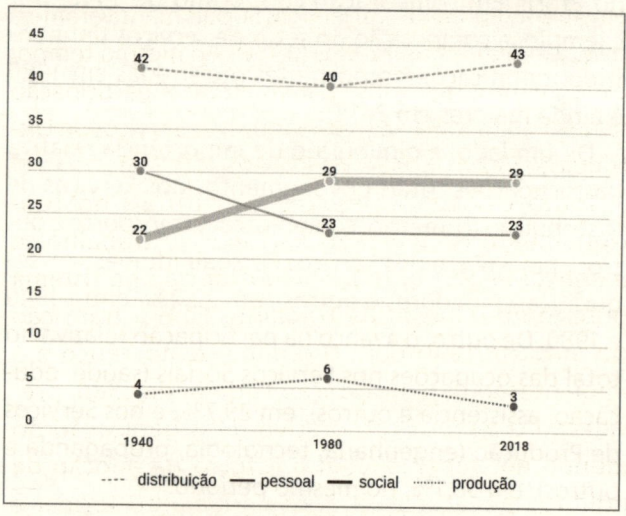

	1940	1980	2018
distribuição	42	40	43
pessoal	30	23	23
social	22	29	29
produção	4	6	3

Fonte: IBGE/Pnad (elaboração própria)

Na transição atual para a sociedade de serviços, percebe-se, contudo, que não parece haver evidências precisas de que o mesmo sentido do deslocamento de atividades de menor para maior produtividade e remuneração registrados na sociedade urbana e industrial esteja ocorrendo. Ao contrário, as informações oficiais existentes apontam para o sentido inverso, ou seja, a destruição de atividades e ocupações situadas nos segmentos de maior produtividade e remuneração e a expansão dos postos de trabalho de menor produtividade e rendimento.

Na comparação entre os anos de 1980 e 2018, nota-se, por exemplo, que o segmento que perdeu posição relativa no total da ocupação foi o Serviço de Produção, em 46,9%, enquanto os Serviços Sociais mantiveram-se relativamente estabilizados (0,7%). Ao mesmo tempo, os segmentos que conseguiram elevar a participação relativa no total da ocupação foram os Serviços de Distribuição (6,2%) e os Serviços Pessoais (1,3%).

Todas essas modificações estruturais no funcionamento do mercado nacional de trabalho se mantiveram sem alterações substanciais no sistema público de relações de trabalho. Com a transição do autoritarismo para o regime democrático e a implantação da Constituição Federal de 1988, prevaleceu o padrão corporativo de organização do mundo do trabalho, com o reforço na adoção de políticas públicas para o assalariamento formal e o afrouxamento de certos mecanismos repressivos estabelecidos no âmbito da CLT.

Na década de 1990, contudo, a experiência da flexibilização na legislação social e trabalhista permitiu certa diversificação nas formas de contratação do trabalho assalariado, com a legitimação e difusão da terceirização nas atividades-meio das ocupações nas empresas. Nesse sentido, as funções como de segurança, alimentação, manutenção, transporte, limpeza, entre outras, em geral de baixa remuneração, foram deslocadas para o emprego terceirizado, tanto no setor público como privado.

Ao mesmo tempo, a aprovação governamental de medida fiscal voltada para a isenção de tributos a lucros e dividendos, na metade da década de 1990, favoreceu a expansão do trabalho na condição do regime de Pessoa Jurídica (PJ, empregador de si próprio) em detrimento dos empregos assalariados de alta remuneração nas empresas. Posteriormente, nos anos 2000, uma diversidade de políticas públicas orientadas às micro e pequenas empresas permitiu constituir a forma do Microempreendedor Individual (MEI), na perspectiva de formalização das ocupações por conta própria, assim como na contratação de trabalhadores domésticos.

Somente a partir de 2016, diante da mais grave recessão econômica do capitalismo brasileiro, um conjunto de mudanças substanciais na legislação social e trabalhista foi introduzido com o objetivo governamental de rompimento com o sistema público de relações de trabalho. Medidas como a legislação que universalizou a terceirização dos contratos de trabalho, além da reforma trabalhista, da Emenda Constitucional n. 95 (Brasil, 2016) e das propostas de reformulação do sistema público de aposentadoria e pensão em curso, apontam para o aprofundamento da desestruturação do funcionamento do mercado de trabalho brasileiro e a ascensão do sistema privado de relações entre o capital e o trabalho (contratualismo individual).

Em plena transição antecipada para a sociedade de serviços, os movimentos de desestruturação do mercado de trabalho e de rompimento com o padrão corporativo de organização social implicam aprofundar a polarização no interior do mundo do trabalho. Isso porque a destruição das ocupações de classe média tem sido acompanhada por massificação do desemprego estrutural, precarização das ocupações assentadas na instabilidade contratual, escassez dos direitos sociais e trabalhistas e contida remuneração.

A TERCIARIZAÇÃO NO MUNDO DO TRABALHO

O funcionamento do mercado de trabalho no longo prazo apresentou duas trajetórias distintas no Brasil. A primeira refere-se tanto à diminuição relativa contínua do trabalho no setor primário na economia nacional, desde a década de 1870, como à expansão relativa e absoluta dos postos de trabalho nos setores secundário e terciário, no período entre 1872 e 1980.

A segunda trajetória do funcionamento do mercado de trabalho caracteriza-se pela queda relativa dos postos de trabalho no setor secundário, a partir da década de 1980, em simultâneo decréscimo absoluto das ocupações no setor primário e elevação relativa e absoluta do emprego no setor terciário. Com isso, percebe-se que, em 2018, por exemplo, a participação relativa do setor terciário no total da ocupação aproximou-se da verificada no setor primário em 1872, quando a escravidão ainda predominava no país.

Gráfico 2: Brasil – evolução da composição dos ocupados segundo faixa de salário-mínimo constante em 1986 e 2016 (%)

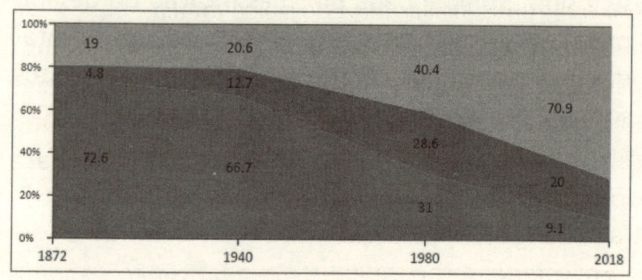

	1872	1940	1980	2018
	19	20.6	40.4	70.9
	4.8	12.7	28.6	20
	72.6	66.7	31	9.1

Fonte: IBGE/Pnad (elaboração própria)

Gráfico 3: Brasil – composição dos ocupados segundo faixa de salário-mínimo constante em 1986 e 2016 (em %)

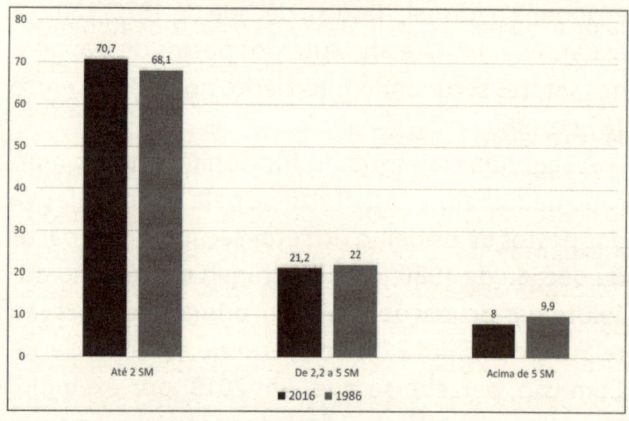

	Até 2 SM	De 2,2 a 5 SM	Acima de 5 SM
2016	70,7	21,2	8
1986	68,1	22	9,9

Fonte: IBGE/Pnad (elaboração própria)

Diante disso, cabe considerar o quanto as transformações no mundo do trabalho durante as últimas três décadas levaram o setor terciário a predominar no conjunto das ocupações. Com a terciarização ocupacional, verifica-se a tendência de concentração dos postos de trabalho na base da pirâmide social e redução relativa dos empregos assalariados de classe média.

No ano de 2016, por exemplo, quase 71% das ocupações no Brasil recebiam até dois salários-mínimos mensais, enquanto em 1986 eram de 68,1%. Ou seja, há um crescimento de 3,8% na proporção das ocupações de até dois salários-mínimos no total dos trabalhadores brasileiros.

Em compensação, o segmento das ocupações com rendimentos intermediários, entre 2,1 a cinco salários-mínimos mensais, decresceu em 3,6% em relação ao total dos trabalhadores, pois decaiu de 22% para 21,2%, entre 1986 e 2018. Também o segmento de maior rendimento, acima de cinco salários-mínimos mensais, diminuiu em 19,2% a sua participação relativa no total das ocupações, passando de 9,9% para 8% no mesmo período.

Pode-se compreender o achatamento na distribuição dos rendimentos entre os ocupados como resultado da expansão do setor terciário e do decréscimo dos setores primário e secundário. Enquanto a participação relativa dos ocupados nos serviços aumentou 40,6% entre 1986 e 2018, diminuiu a proporção dos postos de trabalho, tanto no setor primário (36,8%) como no setor secundário (26,5%), no total dos trabalhadores.

Gráfico 4: Brasil – composição dos ocupados segundo setor econômico em 1986 e 2016 (em %)

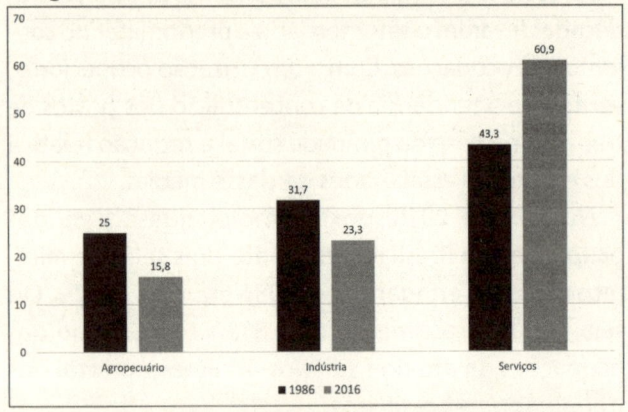

Setor	1986	2016
Agropecuário	25	15,8
Indústria	31,7	23,3
Serviços	43,3	60,9

Fonte: IBGE/Pnad (elaboração própria)

O deslocamento das ocupações nos setores primário e secundário para o setor de serviços também não deixa de revelar o avanço da modalidade de contratação menos associada ao emprego salarial, cuja taxa de assalariamento manteve-se estabilizada em 67% dos ocupados nas três últimas décadas. Entre os anos de 1986 e 2018, por exemplo, a formalização do empregado assalariado cresceu 5%, ao passo que a ocupação de conta própria subiu 11,2%.

No sentido inverso, a participação relativa dos ocupados sem remuneração, empregador e emprego informal, teria sido reduzida entre os anos de 1986 e 2016. A diminuição mais expressiva na participação relativa transcorreu nas ocupações sem remuneração (-49,8%), seguidas do emprego informal (-13,1%) e de empregador (-5,15%).

Diante do movimento de predominância da terciarização do mundo do trabalho, com concentração das ocupações cada vez mais geradas na base da pirâmide social, os jovens foram os mais afetados negativamente pela contração de sua participação relativa no total dos trabalhadores. Em 1986, por exemplo, a faixa etária de 16 a 24 anos decaiu o peso relativo no total das ocupações em 41,8%.

Gráfico 5: Brasil – composição dos ocupados segundo tipo de ocupação em 1986 e 2016 (%)

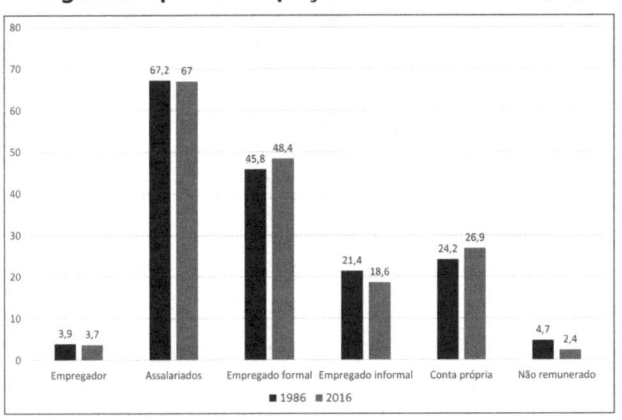

Tipo de ocupação	1986	2016
Empregador	3,9	3,7
Assalariados	67,2	67
Empregado formal	45,8	48,4
Empregado informal	21,4	18,6
Conta própria	24,2	26,9
Não remunerado	4,7	2,4

Fonte: IBGE/Pnad (elaboração própria)

Por outro lado, o segmento etário de 25 a 59 anos aumentou a sua posição relativa no total da ocupação em 9,2%. Também a parcela da População Economicamente Ativa (PEA) ocupada com 60 anos e mais cresceu a sua presença relativa no total da ocupação, em 82%.

No ano de 1986, por exemplo, para uma vaga ocupada por trabalhador de 60 anos ou mais, tinha um conjunto de cinco jovens trabalhando. Trinta anos depois, em 2018, a cada ocupação preenchida por trabalhador de 60 anos ou mais, havia somente 1,5 jovem trabalhando.

Gráfico 6: Brasil – composição dos ocupados segundo faixa etária em 1986 e 2016 (em %)

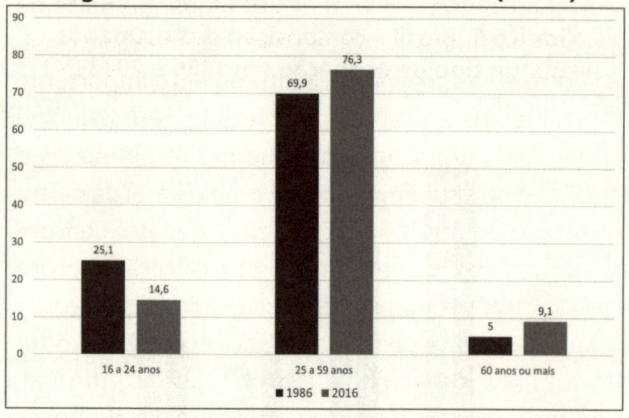

Faixa etária	1986	2016
16 a 24 anos	25,1	14,6
25 a 59 anos	69,9	76,3
60 anos ou mais	5	9,1

Fonte: IBGE/Pnad (elaboração própria)

Do ponto de vista etário, somente houve elevação de 3,4% na taxa de sindicalização entre os ocupados de 50 a 59 anos de idade. Em relação aos setores de atividade econômica, a taxa de sindicalização nos ocupados na agropecuária subiu 18,2% entre os anos de 1986 e 2016.

A diminuição mais intensa na taxa de sindicalização aconteceu entre os ocupados jovens (27,4%) e no setor industrial (32,7%). No período de 1986 e 2016, a taxa de sindicalização teve maior queda registrada entre os empregadores (44,6%) e os ocupados por conta própria (28,4%).

Reformas neoliberais recentes e comportamento do mercado de trabalho

Diante da mais grave crise do capitalismo brasileiro, transcorrida em simultânea compressão do regime democrático, desde o final de 2014, quando parte da oposição partidária derrotada não mais aceitou o resultado da eleição presidencial, um conjunto importante de medidas desregulatórias do mercado de trabalho foi sendo rapidamente implementado. O resultado disso tem sido o aprofundamento do sentido geral da desestruturação do mercado de trabalho, que já se encontrava em curso mediante a desindustrialização precoce e transição antecipada para a sociedade de serviços.

Apesar do discurso patronal de incentivo à redução do custo do trabalho e à flexibilização contratual, como argumento decisivo para a geração de novos postos de trabalho, o nível geral do emprego de assalariados não retornou. Tampouco, a formalização dos contratos de trabalho foi garantida, transcorrendo justamente o contrário no período recente.

Comparando-se o custo do trabalho médio na indústria brasileira com o dos Estados Unidos e o da China, nota-se uma recente trajetória pronunciada de queda. Em 2014, por exemplo, o custo do trabalho na indústria brasileira era 2,6 vezes maior que o da China e quase 30% do verificado nos EUA.

Com a recente recessão econômica e medidas desregulatórias do mercado de trabalho adotadas pelos governos brasileiros, o custo do trabalho na indústria chinesa passou a ser 16% superior à do Brasil em 2016, e 26% menor que o registrado nos Estados Unidos em 2015.

Gráfico 07: Evolução do custo do trabalho industrial medido em dólar no Brasil em relação aos Estados Unidos e a China no período recente

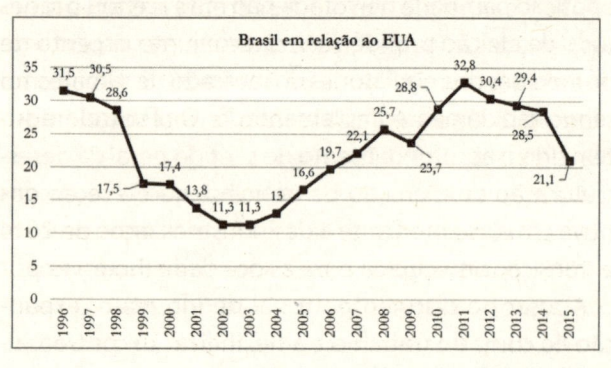

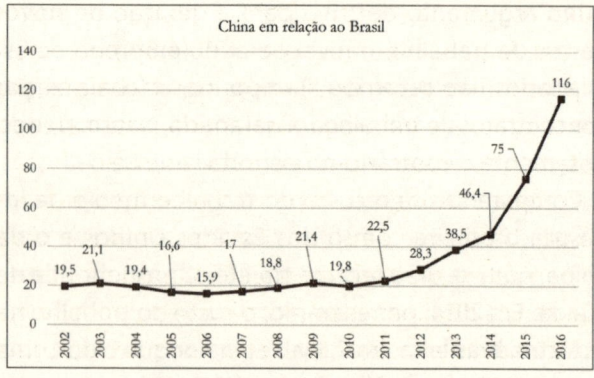

Brasil em relação ao EUA

Ano	Valor
1996	31,5
1997	30,5
1998	28,6
1999	17,5
2000	17,4
2001	13,8
2002	11,3
2003	11,3
2004	13
2005	16,6
2006	19,7
2007	22,1
2008	25,7
2009	23,7
2010	28,8
2011	32,8
2012	30,4
2013	29,4
2014	28,5
2015	21,1

China em relação ao Brasil

Ano	Valor
2002	19,5
2003	21,1
2004	19,4
2005	15,9
2006	17
2007	18,8
2008	19,8
2009	21,4
2010	22,5
2011	28,3
2012	38,5
2013	46,4
2014	75
2015	116

Fonte: BLS/EUA (elaboração própria)

No mesmo sentido, pode-se perceber como a reforma trabalhista, introduzida desde o final de 2017, tem favorecido o deslocamento do emprego assalariado formal para o contrato informal e ocupações por conta própria. Todas essas formas de trabalho transcorrem à margem da regulação, sem proteção social e trabalhista, além da decrescente contribuição para o sistema público de aposentadoria e pensão.

Acompanhando a evolução recente das ocupações assalariadas informais, constata-se o crescimento de quase 12% entre os anos de 2014 e 2018. No mesmo período, o emprego assalariado formal sofreu redução de 9,5%.

Da mesma forma, pode-se constar a elevação das ocupações por conta própria. Entre os anos de 2014 e 2018, por exemplo, o total dos trabalhadores por conta própria aumentou 9,6%, tendo maior expansão os contratos sem reconhecimento de pessoa jurídica registrada (CNPJ) – 10,8% – do que os postos de trabalhos autônomos com CNPJ (4,8%).

No sentido geral de avanços nos trabalhos por conta própria e emprego assalariado informal, despossuído do acesso aos direitos sociais e trabalhistas, percebe-se também a expansão recente das taxas de desemprego e de subutilização da mão de obra disponível no mercado de trabalho brasileiro. Tanto a ausência de dinamismo econômico como a desregulação do mercado de trabalho têm sido responsáveis pelo registro das maiores parcelas da força de trabalho distantes do acesso ao sistema público de proteção social e trabalhista.

Somente em relação ao avanço do desemprego e à disseminação da mão de obra subutilizada em sua condição de trabalho, o Brasil tem registrado recordes recentes, sem comparação com o passado distante. Diante disso, o saldo das reformas neoliberais em curso desde o ano de 2016 tem sido ainda mais prejudicial ao comportamento do mercado de trabalho brasileiro.

CONSIDERAÇÕES FINAIS

A BREVE RECUPERAÇÃO HISTÓRICA APRESENTADA ANTERIORMENTE

buscou situar as principais mudanças em curso no mundo do trabalho como parte intrínseca da transição para a antecipada sociedade de serviços. As alterações substanciais no mundo do trabalho refletem tanto o precoce processo de desindustrialização exposto pela forma com que o Brasil ingressou na globalização capitalista, desde os anos de 1990, como a desconstrução mais recente no sistema corporativo de relações de trabalho imposta pelas reformas neoliberais.

O resultado de tudo isso tem sido a predominância de massivo desemprego aberto e oculto, sobretudo pela ampliação da subutilização dos trabalhadores e generalizada precarização das ocupações de baixa remuneração e representação. A polarização crescente no interior da sociedade que abandonou o projeto de assalariamento revelou não apenas a destruição dos postos de trabalho de classe média e do operariado industrial, mas também o deslocamento para ocupações sem acesso à proteção social e trabalhista.

A transição antecipada para a sociedade de serviços tem sido acompanhada de transformações substanciais no funcionamento do mercado de trabalho. Em função disso, a temporalidade em curso no mundo do trabalho brasileiro diferencia-se profundamente das observadas em períodos anteriores de predominância tanto da sociedade agrária como a urbana e industrial.

Ao mesmo tempo, a combinação recente da recessão econômica com aplicação do receituário neoliberal para desregulamentar as relações entre o capital e o trabalho passou a excluir fortemente parcela do conjunto dos trabalhadores do sistema de assalariamento, em curso desde 1889. Também termina por alijá-los dos mecanismos existentes de garantia dos direitos à proteção e à promoção social e trabalhista, instalados progressivamente desde a década de 1920 no Brasil.

A sociedade salarial, sonhada por tantos progressistas e posta em prática com as lutas dos abolicionistas na década de 1880 e dos tenentistas nos anos de 1930, sofreu forte impacto nas três últimas recessões econômicas. Nessa perspectiva panorâmica da trajetória do mundo do trabalho, suas transformações terminaram por impactar direta e indiretamente a forma de organização e de atuação do sindicalismo brasileiro.

Em grande medida, o sujeito social fundante no interior da classe trabalhadora constitui a base pela qual a organização laboral estabelece a sua representação de interesses e ações de lutas. Se na antiga sociedade agrária, os artesãos se constituíram como sujeito social das entidades de ajuda mútua, o operariado industrial assumiu centralidade no interior do sindicalismo de ofício e, posteriormente, no sistema corporativo de relações de trabalho.

Atualmente, a emergência do contaproprista em plena transição antecipada para a sociedade de serviços apresenta-se como possibilidade crescente de assumir a condição de novo sujeito social. Para tanto, a formatação do modelo de organização e representação dos interesses em relação ao conjunto da classe trabalhadora reafirma a tese de que o sindicato, cujo futuro encontra-se aberto no Brasil, segue fundamental.

1 A polarização entre o contexto sociocultural do indivíduo e a condição do sujeito social, como agente coletivo-social de mudança, pode ser encontrada em Crozier e Friedberg (1977); Davidson (1980); Touraine (2006); Bourdieu (1983).

2 A perspectiva antropológica e psicanalítica a esse respeito pode ser encontrada em: Dufour, 2003; Le Guen, 2002; Israel *et al.,* 1998.

3 Pela perspectiva kantiana, a heteronomia explica a sujeição do indivíduo à vontade de outro ou outros, opondo-se à autonomia que expressaria a livre vontade. Mais detalhes em Kant, 1995.

Burguesia e trabalho
ANGELA MARIA DE CASTRO GOMES
Rio de Janeiro, campus, 1979

Referência clássica em pesquisa sobre as condições de montagem do sistema corporativo de relações de trabalho na virada imposta pela Revolução de 1930.

Trabalhadores, sindicatos e industrialização
LEÔNCIO MARTINS RODRIGUES
São Paulo, Brasiliense, 1974

Interpretação do desenvolvimento da industrialização brasileiro aliado as suas repercussões no mundo do trabalho e suas representações sindicais.

Classe operária, sindicatos e partido no Brasil
RICARDO ANTUNES
São Paulo, Cortez, 1982

Abordagem voltada para a interpretação articulada do mundo do labor com a representação sindical e a ação política partidária.

O mundo do trabalho: crise e mudança no final do século
CARLOS ALONSO DE OLIVEIRA ET AL. (ORGS.)
São Paulo: Scritta, 1994

Coletânea de estudos abrangentes sobre a forma com que o mundo do trabalho se encontrava diante da reestruturação produtiva do diante do século 20 e a expectativa da transição democrática alterar profundamente o sistema corporativo de relações de trabalho no Brasil.

Sindicatos, trabalhadores e a coqueluche neoliberal
ADALBERTO MOREIRA CARDOSO
Rio de Janeiro, FGV, 1999

Análise acerca das transformações impostas pelo neoliberalismo no Brasil, especialmente no âmbito dos trabalhadores e dos seus sindicatos.

ALMEIDA, M. O sindicato no Brasil: novos problemas, velhas estruturas. *Debate e crítica*, São Paulo, 6 jul. 1975.

ALMEIDA, M. O sindicalismo brasileiro entre a conservação e a mudança. *In*: ALMEIDA, M.; SORJ, B. (org.) *Sociedade e política no Brasil pós-64*. 2. ed. São Paulo: Brasiliense, 1984.

ANTUNES, R. O privilégio da servidão: o novo proletariado da servidão. São Paulo: Boitempo, 2018.

ANTUNES, R. *Adeus ao trabalho?* São Paulo: Cortez, 1995.

ARAÚJO, E. (org). *A mão afro-brasileira:* significado da contribuição artística e histórica. São Paulo: Imprensa Oficial do Estado de São Paulo: Museu Afro Brasil, 2010.

ARAÚJO, A.; OLIVEIRA, R. El sindicalismo en la era de Lula: entre paradojas y nuevas perspectivas. *Revista Latinoamericana de Estudios del Trabajo*, 2011.

AZEVEDO, R. *A resistência anarquista*. Uma questão de identidade. São Paulo: Arquivo do Estado/Imprensa Oficial, 2000.

BADARÓ. M. *Novos e velhos sindicalismos no Brasil*. Rio de Janeiro: UFF, 1998.

BASILE, M. *Ezequiel C. dos Santos:* um jacobino na Corte imperial. Rio de Janeiro: FGV, 2001.

BATALHA, C. *O movimento operário na Primeira República*. Rio de Janeiro: Zahar, 2000.

BAUMAN, Z. *O mal-estar na pós-modernidade*. Rio de Janeiro: Zahar,1999.

BELL, D. *O advento da sociedade pós-industrial*. São Paulo: Cultrix, 1973.

BIAVASCHI, M. *O direito do trabalho no Brasil:* a construção do sujeito de direitos trabalhistas. São Paulo: LTr, 2007.

BIHR, A. *Da grande noite à alternativa*. São Paulo: Boitempo Editorial, 1998.

BOISSON, M. *et al.* "La mesure du Déclassement: informer et agir sur les nouvelles réalités sociales". *In*: *Document de travail du Centre d'analyse stratégique,* juil., 2009.

BOITO Jr., A. *O sindicalismo de Estado no Brasil*. São Paulo: Hucitec/Unicamp, 1991a.

BOITO Jr., A. (org.). *O sindicalismo brasileiro nos anos 1980*. Rio de Janeiro, Paz e Terra, 1991a.

BOITO Jr., A. Brasil: o movimento sindical e popular na década de 2000. *Osal/Clacso,* año X, n. 26, p. 35-54, oct., 2009.

BOITO Jr., A. *Sindicalismo e política neoliberal no Brasil*. São Paulo: Boitempo: 2000.

BOLTANSKI, L.; CHIAPELLO, E. *O novo espírito do capitalismo*. São Paulo: Martins Fontes, 2009.

BOLTANSKI, L.; CHIAPELLO, E. *Le Nouvel esprit du capitalisme*. Paris: Gallimard, 1999.

BOSI, A. *Dialética da colonização*. São Paulo: Companhia das Letras, 1992.

BOURDIEU, P. *Questões de sociologia*. Rio de Janeiro: Marco Zero, 1983.

BOURDIEU, P. *Homo Academicus*. Paris: Les Éditions de Minuit, 1984.

BRASIL. Lei de 16 de dezembro de 1830. Manda executar o Código Criminal. Disponível em: http://www.planalto.gov.br/ccivil_03/leis/lim/lim-16-12-1830.htm. Acesso em: 22 nov. 2021.

BRASIL. Lei n. 108 de 11 de outubro de 1837. Dando várias providências sobre os contratos de locação de serviços dos colonos. Disponível em: https://legis.senado.leg.br/norma/541072. Acesso em: 22 nov. 2021.

BRASIL. Decreto n. 2.827, de 15 de março de 1879. Dispondo o modo como deve ser feito o contrato de locação de serviços. Disponível em: https://www2.camara.leg.br/legin/fed/decret/1824-1899/decreto-2827-15-marco-1879-547285-publicacaooriginal-62001-pl.html. Acesso em: 18 nov. 2021.

BRASIL. Lei n. 556, de 25 de junho de 1850a. Código Comercial. Disponível em: http://www.planalto.gov.br/ccivil_03/leis/lim/lim556.htm. Acesso em: 18 nov. 2021.

BRASIL. Lei n. 601, de 18 de setembro de 1850b. Código Comercial. Disponível em: http://www.planalto.gov.br/ccivil_03/leis/l0601-1850.htm. Acesso em: 18 nov. 2021.

BRASIL. Lei n. 581, de 4 de setembro de 1850c. Estabelece medidas para a repressão do tráfico de africanos neste Império. Disponível em: http://www.planalto.gov.br/ccivil_03/leis/lim/lim581.htm. Acesso em: 18 nov. 2021.

BRASIL. Decreto n. 528, de 28 de junho de 1890. Regulariza o serviço de introdução e localização de imigrantes na República dos Estados Unidos do Brasil. Disponível em: https://www2.camara.leg.br/legin/fed/decret/1824-1899/decreto-528-28-junho-1890-506935-publicacaooriginal-1-pe.html. Acesso em: 18 nov. 2021.

BRASIL. Decreto n. 1.313, de 17 de janeiro de 1891. Estabelece providências para regularizar o trabalho dos menores empregados nas fábricas da Capital Federal. Disponível em: https://www2.camara.leg.br/legin/fed/decret/1824-1899/decreto-1313-17-janeiro-1891-498588-publicacaooriginal-1-pe.html. Acesso em: 18 nov. 2021.

BRASIL. Decreto n. 979, de 6 de janeiro de 1903. Faculta aos profissionais da agricultura e indústrias rurais a organização de sindicatos para defesa de seus interesses. Disponível em: http://www.planalto.gov.br/ccivil_03/decreto/antigos/d0979.htm. Acesso em: 18 nov. 2021.

BRASIL. Decreto n. 1.637, de 5 de janeiro de 1907. Cria sindicatos profissionais e sociedades cooperativas. Disponível em: https://legislacao.presidencia.gov.br/atos/?tipo=DPL&numero=1637&ano=1907&ato=3d20TQE9keFRVTa6f. Acesso em: 18 nov. 2021.

BRASIL. Decreto n. 3.724, de 15 de janeiro de 1919. Regula as obrigações resultantes dos acidentes de trabalho. Disponível em: https://www2.camara.leg.br/legin/fed/decret/1910-1919/decreto-3724-15-janeiro-1919-571001-publicacaooriginal-94096-pl.html. Acesso em: 18 nov. 2021.

BRASIL. Decreto n. 16.027, de 30 de abril de 1923. Cria o Conselho Nacional do Trabalho. Disponível em: http://www.planalto.gov.br/ccivil_03/decreto/1910-1929/d16027.html. Acesso em: 18 nov. 2021.

BRASIL. Decreto n 19.770, de 19 de março de 1931. Regula a sindicalização das classes patronais e operárias e dá outras providências. Disponível em: http://www.planalto.gov.br/ccivil_03/decreto/antigos/d19770.htm. Acesso em: 18 nov. 2021.

BRASIL. Decreto-Lei n. 5.452, de 1º de maio de 1943. Aprova a Consolidação das Leis do Trabalho. Disponível em: http://www.planalto.gov.br/ccivil_03/decreto-lei/del5452.htm. Acesso em: 18 nov. 2021.

BRASIL. Lei n. 4.214, de 2 de março de 1963. Dispõe sobre o Estatuto do Trabalhador Rural. Disponível em: http://www.planalto.gov.br/ccivil_03/leis/1950-1969/l4214.htm. Acesso em: 18 nov. 2021.

BRASIL. Constituição da República Federativa do Brasil de 1988. Disponível em: http://www.planalto.gov.br/ccivil_03/constituicao/constituicao.htm. Acesso em: 18 nov. 2021.

BRASIL. Emenda Constitucional n. 95, de 15 de dezembro de 2016. Altera o Ato das Disposições Constitucionais Transitórias, para instituir o Novo Regime Fiscal, e dá outras providências. Disponível em: http://www.planalto.gov.br/ccivil_03/constituicao/emendas/emc/emc95.htm. Acesso em: 22 nov. 2021.

BRUSCHINI, C. *Mulher, casa e família*: cotidiano nas camadas populares. São Paulo: Vértice, 1990.

BURAWOY, M. *Manufacturing Consent*. Chicago: University of Chicago Press, 1982.

CAMPOS, A. Sindicatos no Brasil: o que esperar no futuro próximo? *In: TD. 2262*, Ipea, Rio de Janeiro, 2016.

CARDOSO, A. O sindicalismo corporativo não é mais o mesmo. *Novos Estudos Cebrap*, n. 48, p. 97-119, jul. 1997.

CARDOSO, A. Crise do sindicalismo? *In:* SOUZA, P. (org.) *Brasil, sociedade em movimento*. Rio de Janeiro: Paz e Terra, 2015.

CARVALHO, J. *Os bestializados:* o Rio de Janeiro e a República que não foi. São Paulo: Cia. das Letras, 1987.

CASTEL, R. *As metamorfoses da questão social*. Rio de Janeiro: Vozes, 1998.

CASTORIADIS, C. *The imaginary institution of society*. Cambridge: Polity, 1987.

COGGIOLA, O. *Da Revolução Industrial ao movimento operário*. São Paulo: Pradense, 2010.

COHEN, G. A. *History, labour, and freedom*. Themes from Marx. Oxford: Clarendon, 1988.

COLE, C. *An Introduction to trade-unionism*. New York: Routledge, 2019.

COLE, G. *An introduction to trade-unionism*. London: George Allen & Unwin, 1943.

CONNIFF, M. *Voluntary associations in Rio, 1870-1945:* a new approach to urban social dynamics. Journal of Interamerican Studies and World Affairs, volume 17, Issue 1 FB. 1975.

CÓRDOVA, E. *As relações de trabalho na América Latina*. São Paulo: LTr, 1985.

COSTA, E. *Da Monarquia à República*: momentos decisivos. 7. ed. São Paulo: Unesp, 1999.

COX, R. *Production, power and world order*. New York: Columbia University Press, 1987.

CROMPTON, R. *et al*. (eds.) *Changing forms of empreyment*. London: Routledge, 1996.

CROZIER, M; FRIEDBERG, E. L'acteur et le système: Les contraentes de l'action collective. 1. ed. Paris: Editions du Seuil, 1977.

CROUCH, C. *Industrial relations and Europe State traditions*. Oxford: Clarendon Press, 1994.

CUNHA, L. *Aspectos sociais da aprendizagem de ofícios manufatureiros no Brasil colônia*. Fórum, Rio de Janeiro, v. 2, n. 4, p. 31-65, out./dez. 1978.

CUNHA, L. *O ensino de ofícios artesanais e manufatureiros no Brasil escravocrata*. São Paulo: Editora UNESP, 2005.

DAVIDSON, D. *Essays on actions and events*. Gloucestershire: Clarendon Press, 1980.

DAVIS, A. *Mulheres, raça e classe*. São Paulo: Boitempo, 2016.

DECCA, E. *O silêncio dos vencidos*. São Paulo: Brasiliense, 1981.

DELGADO, L. *O Comando Geral dos Trabalhadores no Brasil*. Petrópolis: Vozes, 1986.

DELGADO, M. *Capitalismo, trabalho e emprego*. São Paulo: LTr, 2006.

DELGADO, M.; DELGADO, G. *A Reforma Trabalhista no Brasil*. São Paulo: LTr, 2017.

DUBAR, C. *Agente, ator, sujeito, autor*: do semelhante ao mesmo. Primeiro Congresso da Associação Francesa de Sociologia, Paris, p. 56-69, 2004.

DUBET, F. *Sociologie de l'expérience*. Paris: Seuil, 1994.

DUFOR, D. *L'art de réduire lês têtes*. Paris: Denoël, 2003.

DULLES, J. *Anarquistas e comunistas no Brasil, 1900-1935*. Rio de Janeiro: Nova Fronteira, 1980.

ENGELS, F. *A situação da classe trabalhadora na Inglaterra*. São Paulo: Boitempo, 2008.

FAUSTO, B. (org.) *O Brasil Republicano*. Sociedade e Política. São Paulo: Difel, 1981.

FERNER, A.; HYMAN, R. *New frontiers in european industrial relations*. Oxford: Blakweell, 1994.

FRAGOSO, J. *Homens de grossa aventura:* acumulação e hierarquia na praça mercantil do Rio de Janeiro (1790-1830). Rio de Janeiro: Arquivo Nacional, 1992.

FOUCAULT, M. *The history of sexuality*: v. 2: The Use of Pleasure. New York: Pantheon, 1978.

GALETTI, L. *As Comissões nas fábricas e a greve de ocupação em Osasco* – São Paulo, 1968. Campinas: IFCH/ Unicamp, 1985.

GIDDENS, A. *A terceira via*: reflexões sobre o impasse político atual e o futuro da social-democracia. 5. ed. Rio de Janeiro: Record, 2005.

GIDDENS, A.; TURNER, Jonathan. (org.) *Teoria social hoje*. São Paulo: Unesp. 1999.

GLUCKSMANN, A. Nem todos somos proletários. *In: Ensaios de opinião*, Rio de Janeiro, Editorial Inúbia, v. 4: p. 85-104, 1977.

GOLDTHORPE, J. et al. *The affluent worker*: industrial attitudes and behavior. Cambridge: University Press, 1968.

GOMES, A. *A invenção do trabalhismo*. 3. ed. Rio de Janeiro: Editora FGV, 2005.

GONZALO, A.; AGUIAR, D. *Estado, governos "pós-neoliberais" e luta de classes na América Latina*. Campina Grande: EDUFCG, 2019.

GORZ, A. *Adeus ao proletariado*: para além do socialismo. 2. ed. Rio de Janeiro: Forense Universitária, 1987.

GORZ, A. *Miserias del presente, riqueza de lo posible*. Buenos Aires: Paidós, 1998.

GRAETZ, B. *The class location of families*: A refined classification and analysis. *Sociology*, n. 25, p.101-118, 1991.

GUATTARI, F.; ROLNIK, S. *Micropolítica*: cartografias do desejo. Petrópolis: Vozes, 1993.

HABERMAS, J. *The theory of communicative action*. v. II. Londres: Polity, 1992.

HALL, J. (ed.) *Reworking class*. Ithaca: Cornell University, 1987.

HAN, B. *Sociedade do cansaço*. 2. ed. Petrópolis: Vozes, 2017.

HARROD, J. *Power, production, and the unprotected worker*. Nova York: Columbia University Press, 1987.

HICKS, J. *Uma teoria de história econômica*. Rio de Janeiro: Zahar, 1972.

HIRSH-WEBER, H. *Los Sindicatos en la política*. Madri: Tecnos, 1964.

HOBSBAWM, Eric. *Os trabalhadores*. Rio de Janeiro: Paz e Terra, 2015.

HOBSBAWM, E. *Rebeldes primitivos*. Rio de Janeiro: Zahar, 1970.

HOBSBAWM, E. *O mundo do trabalho*. Rio de Janeiro: Paz e Terra, 2015.

HOBSBAWM, E. *Os trabalhadores*: estudos sobre a história do operariado. 2. ed. São Paulo: Paz e Terra, 2000.

HOBSBAWM, E. *Mundos do trabalho:* novos estudos sobre história operária. 4. ed. São Paulo: Paz e Terra, 2005.

HUBERMAN, L. *História da riqueza do homem*. Rio de Janeiro: LTC Editor, 1986.

HUMPHREY, J. As raízes e os desafios do "novo" sindicalismo da indústria automobilística. *Estudos Cebrap*, n. 26, p. 5-39, 1980.

IRES (Ouvrage Collectif) *Syndicalismes*: dynamique des relations. Paris: Dunod, 1992.

ISRAEL, P. et al. *Le mal-être (Angoisse et violence)*. 2. ed. Paris: PUF, 1998.

KANT, E. *A paz perpétua e outros opúsculos*. Lisboa: Ed. 70, 1995.

KATZNELSON, I.; ZOLBERG, A. *Working-class formation*: nineteenth-century patterns in Western Europe and the United States. Princeton: PUP, 1986.

KRISIS. *Manifesto contra o trabalho*. São Paulo: Cadernos do LABUR, 1999.

KREIN, D. (orgs.) *Dimensões críticas da reforma trabalhista no Brasil*. Campinas: Curt Nimuendajú, 2018.

KREIN, D. et al. (org.). *Reforma trabalhista no Brasil*: promessas e realidade. Campinas: Curt Nimuendajú, 2019.

KREIN, J. ; DIAS, H. Os caminhos do sindicalismo nos anos 2000. *Revista Ciências do Trabalho*, n. 8, 2017.

LASCH, C. *A cultura do narcisismo*. Rio de Janeiro: Imago, 1983.

LE GUEN, C. La psychanalyse est une anthropologie. *In:* FREUD, S. *Le sujet social*. Paris: PUF, 2002.

LEITE, S. *Artes e ofícios dos jesuítas no Brasil (1549-1760)*. Rio de Janeiro: Brotéria, 1953.

LENIN, I. *Sobre os sindicatos*. Rio de Janeiro: Ciências Sociais, 1979.

LIMA SOBRINHO, B. *A verdade sobre a Revolução de Outubro*. São Paulo, Alfa-Ômega, 1975.

MAIOR, J. *O direito do trabalho como instrumento de justiça social*. São Paulo: LTr, 2000.

MARANHÃO, R. *Sindicatos e redemocratização*. São Paulo: Brasiliense, 1979.

MARTINS, H. *O Estado e a burocratização do sindicato no Brasil*. 2. ed. São Paulo: Hucitec, 1989.

MARTINS, M. *Entre a cruz e o capital*: as corporações de ofícios no Rio de Janeiro após a chegada da família real (1808-1824). Rio de Janeiro: Editora Garamond, 2006.

MARTINS, M. *A arte das corporações de ofício*. *CLIO - Revista de Pesquisa Histórica*, 2012.

MARX, K.; ENGELS, F. *Manifesto do Partido Comunista*. São Paulo: Expressão Popular, 2008.

MASI, D. *O ócio criativo*. Rio de Janeiro: Sextante, 2000.

MÉDA, D. *Società senza lavoro*. Milão: Feltrinelli, 1997.

MELLO, M. *A república consentida*: cultura democrática e científica no final do Império. Rio de Janeiro: FGV, 2007.

MÉSZÁROS, I. *Para além do capital*. São Paulo: Boitempo, 2002.

MISES, L. *As leis lições*: reflexões sobre hoje e amanhã. São Paulo: LVM, 2017.

MOISÉS, J. A. *Lições de liberdade e de opressão*: o novo sindicalismo e a política. Rio de Janeiro: Paz e Terra, 1982.

MOURIAUX, R. (ed.) *Les syndicats européens à l´épreuve*. Paris: PPSP, 1990.

MUNCK, R.; WATERMAN, P. *Labour worldwide in the era of globalization*. London: Macmillan Press, 1999.

NEGRI, A.; HARDT, M. *Multidão*: guerra e democracia na era do império. Rio de Janeiro: Record, 2005.

NEUVILLE, J. "La sécurité syndicale". *Études Sociales*, Paris, n. 12, Office Général du Livre, 1957.

OFFE, C. Trabalho: categoria chave da Sociologia. *Revista Brasileira de Ciências Sociais*, v. 4, n. 10, p. 5-20, 1989.

OLIVEIRA, M. Avanços e limites do sindicalismo brasileiro recente. *In*: OLIVEIRA, C. A. (org.) *O mundo do trabalho*: Crise e mudança no final de século. São Paulo: Scritta, 1994.

OPPENHEIMER, F. *The State: Its history and development viewed sociologically.* New York: A. Press; 1972.

ORGANIZAÇÃO INTERNACIONAL DO TRABALHO (OIT). World Employment and Social Outlook: Trends, 2019. Disponível em: https://www.ilo.org/global/research/global-reports/weso/2019/lang--en/index.htm. Acesso em: 18 nov. 2021.

PEUGNY, C. "L'évolution de la structure sociale dans quinze pays européens (1993-2013): Quelques éléments sur la polarisation de l'emploi". Notes & Documents de L'Observatoire Sociologique du Changement. *Sciences Po*, n. 1, jan. 2016.

PINHEIRO, P.; HALL, M. *A classe operária no Brasil.* v. 1- O Movimento Operário. São Paulo: Alfa Ômega, 1979.

POCHMANN, M. Mudança e continuidade na organização sindical brasileira no período recente. *In*: OLIVEIRA, C. et al. (org.). *Crise e trabalho no Brasil.* Modernidade ou volta ao passado? São Paulo: Scritta, 1996.

POCHMANN, M. Adeus à CLT? O "eterno" sistema corporativo de relações de trabalho no Brasil. *Novos Estudos Cebrap*, n. 50, São Paulo, 1998.

PRZEWORSKI, A. *Capitalismo e Social-Democracia.* São Paulo: Cia. das Letras, 1943.

RAMALHO, J.; SANTANA, M. (orgs.) *Além da fábrica:* trabalhadores, sindicatos e a nova questão social. São Paulo: Boitempo, 2003.

REICH, R. *O trabalho das nações.* São Paulo: Educator, 1994.

RIFKIN, J. *O fim dos empregos*: o declínio inevitável dos níveis dos empregos e a redução da força global de trabalho. São Paulo: Makron Books, 1995.

RODRIGUES, C. et al. (org.) *Problemas de gênero.* Rio de Janeiro: Funarte, 2017.

RODRIGUES, I. J. O sindicalismo brasileiro: da confrontação à cooperação conflitiva. *São Paulo em Perspectiva*, São Paulo, v. 9, n. 3, jul./set. 1995.

RODRIGUES, J. A. *Sindicato e desenvolvimento no Brasil*. São Paulo: Difel, 1968.

RODRIGUES, L. M. *Industrialização e atitudes operárias*. São Paulo: Brasiliense, 1970.

RODRIGUES, L. *Destino do sindicalismo*. São Paulo: Edusp, 1999.

ROTHBARD, M. *Anatomia do Estado*. São Paulo: LVM, 2018.

RUSSELL, B. *O elogio ao ócio*. São Paulo: Sextante, 2002.

SADER, E. *Quando novos personagens entraram em cena*. Rio de Janeiro: Paz e Terra, 1988.

SADER, E. (org) *10 anos de governos pós-neoliberais no Brasil*: Lula e Dilma. São Paulo: Boitempo, 2015.

SADER, E.; GENTILI, P. (orgs.) *Pós-neoliberalismo*: as políticas sociais e o Estado democrático. São Paulo: Paz e Terra, 2008.

SANTANA, M. Entre a ruptura e a continuidade: visões da história do movimento sindical brasileiro. *Revista Brasileira de Ciências Sociais*, v. 14, n. 41, p. 12-26, 1999.

SENNET, R. *O declínio do homem público*: as tiranias da intimidade. São Paulo: Cia. das Letras, 1999.

SENNETT, R. *O artífice*. 2. ed. Rio de Janeiro: Record, 2009.

SENNETT, R. *A corrosão do caráter*. Rio de Janeiro: Record, 1999.

SILVER, B. *Forças do trabalho*: movimentos de trabalhadores e globalização desde 1870. São Paulo: Boitempo Editorial, 2005.

SOUZA-LOBO, E. *A classe operária tem dois sexos*: trabalho, dominação e resistência. 3. ed. São Paulo: Fundação Perseu Abramo/Editora Expressão Popular, 2021.

STANDING, G. *O precariado*: a nova classe perigosa. Belo Horizonte: Autêntica, 2014.

STEPAN, A. *Estado, corporativismo e autoritarismo*. Rio de Janeiro: Paz e Terra, 1980.

THOMPSON, E. *A formação da classe operária inglesa*. 3 v. Rio de Janeiro: Paz e Terra, 1987.

THOMPSON, E. *The formation of the English working class*, London, Penguin, 1991.

TOURAINE, A. *La conscience ouvrière*. Paris: Seuil, 1966.

TOURAINE, A. *Igualdade e diversidade*: o sujeito democrático. Bauru: Edusc, 1998.

TOURAINE, A. *Sociedade pós-industrial*. Lisboa: Moraes Editores, 1970.

TOURAINE, A. *El sujeto*. Un nuevo paradigma para comprender el mundo de hoy. Buenos Aires: Paidós, 2006.

VARA, M. (org.) *Estudios sobre género y economía*. Madrid: Akal, 2006.

VARGAS, G. *O governo trabalhista do Brasil*. Rio de Janeiro, J. Olympio, 1969, v. 4.

VIANNA, L. Estudos sobre sindicalismo e movimento operário: resenha de algumas tendências. *In*: *O que se deve ler em Ciências Sociais no Brasil*. São Paulo: ANPOCS-Cortez Editora, n. 1, 1977.

VIRNO, P. *Gramática da multidão*: para uma análise das formas de vida contemporâneas. São Paulo: Annablume, 2013.

VISSER, J. Syndicalisme et désyndicalisation. *In*: Le mouvement social. *Editions Ouvrières*, Paris, n. 162, jan/mar, 1993.

WALLERSTEIN, I. *The capitalist world-economy*. Paris: Editions de la Maison des Sciences de l'Homme, 1979.

WATERMAN, P. *Globalization, social movements and the new internationalisms*. London: Mansell, 1998.

WEBB, S.; WEBB, B. *The history of Trade Unionism*. London: Longmans Green and Co., 1950.

WEBER, M. *Ensaios de sociologia*. Rio de Janeiro: Koogan, 1982.
WEFFORT, F. *Participação e conflito industrial*: Contagem e Osasco, 1968. São Paulo: Cebrap, 1972.
ŽIŽEK, S. *The ticklist subject*. New York: Verso, 2000.

MARCIO POCHMANN

Professor da Universidade Federal do ABC e da Universidade Estadual de Campinas. Dentre seus livros mais recentes, destacamos: *Desigualdade no Brasil* (São Paulo: LCTE Editora, 2017), *A desigualdade hereditária: origem e trajetória no Brasil* (Ponta Grossa: Editora UEPG, 2017), *Desigualdade econômica no Brasil* (São Paulo: Ideias e Letras, 2015), *O mito da grande classe média* (São Paulo: Boitempo, 2014), *A vez dos intocáveis no Brasil* (São Paulo: Editora Fundação Perseu Abramo, 2014), *Nova Classe Média? O trabalho na base da pirâmide social brasileira* (São Paulo: São Paulo, 2012), *Classes do trabalho em mutação* (Rio de Janeiro: Revan, 2012), *Desenvolvimento e perspectivas novas para o Brasil* (São Paulo: Cortez, 2010), *Qual desenvolvimento? Oportunidades e dificuldades do Brasil contemporâneo* (São Paulo: Publisher Brasil, 2009) e *A Superterceirização do Trabalho* (LTr: São Paulo, 2008).

Ê

Coleção Emergências

O sindicato tem futuro?

EDIÇÃO
Jorge Pereira Filho
Miguel Yoshida

COPIDESQUE
Cecília Luedemann

REVISÃO DE TEXTO
Aline Piva

ILUSTRAÇÃO
Cesar Habert Paciornik

PROJETO GRÁFICO
Estúdio Bogari

DIAGRAMAÇÃO E CAPA
Zap Design

IMPRESSÃO
GRÁFICA PAYM

Sobre o livro
Formato: 120 x 180 mm
Mancha: 85 x 145 mm
Tipologia: Frutiger LT Std 10/14
Papel: Polen soft 80 g/m²
Cartão 250g/m² (capa)
1ª edição: 2022